BEEF
PORK
CHICKEN

肉屋が教える

肉料理

JN103777

マイナビ

肉屋4代目が
おうちで肉料理を
極上に仕上げるコツを教えます

私は80年続く肉屋の4代目としてお店に立っています。

いらしたお客さんは口を揃えて「やわらかい肉が欲しい」と要望されるのですが、

ひと口にやわらかい肉といっても、焼く、煮る、蒸す、揚げるなどの調理方法によって、

やわらかく仕上げるために最適な肉の部位やカットの厚みが変わります。

ただ、そのことを知らない人が多いのかもしれません。

例えば、料理をするとき、どんな肉を買えばいいのか分からず迷ったり、

家庭で作るのは難しそうだからと、諦めたりしたことはありませんか?

まずは、肉の部位と特徴を知ることが大切です。

せっかくやわらかい肉を手に入れても、火入れを間違って

かたく仕上げてしまってはもったいないですよね。

高級肉を使う必要はありません。ちょっとした工夫だけで、

いつもの肉料理が劇的においしくなるんです。

また、レシピの多くはYouTubeで動画としても公開しています。

音と映像にこだわった動画ならではの演出もお楽しみください。

本書と合わせて見ていただくことで、より理解を深めることができると思います。

「肉は自分で焼くと、どうしてもかたくなる」という声を

何度も何度も聞いてきた肉屋としては、肉を売って終わりではなく、

最高においしく食べてほしいという願いがあります。

その願いのもと、この度秘伝のレシピを公開し、

独自の調理方法を本書に詰めました。

料理を作る楽しさや、食べてもらったときの喜びを感じていただけたら嬉しいです。

肉屋が教える肉料理

CONTENTS

PART1 BEEF

肉屋が教える肉料理
牛肉編

PART2 PORK

肉屋が教える肉料理
豚肉編

この本の使い方

・材料はその料理に適した分量にしています。

・計量単位は大さじ1=15㎖、小さじ1=5㎖です。

・「ひとつまみ」は小さじ1/6、「少々」は小さじ1/6未満を、「適量」はちょうどよい量を入れること、「適宜」は好みで必要があれば入れることを示します。

・野菜類は特に記載のない場合、皮をむくなどの下処理を済ませてからの手順を説明しています。

・火加減は特に記載のない場合、中火で調理してください。

・保存可能期間は日安の期間です。季節や保存状態によって、保存可能期間に差がでるので、できるだけ早く食べきりましょう。

肉料理を極上に仕上げる調味料のこと

肉の味を活かす調味料は
シンプルなものでOK

肉を劇的においしくするために、調味料にもこだわらなくては…と思っていませんか？　調味料は近所のスーパーやコンビニで手に入るもので十分だと思います。なぜなら、調味料が足りなくなっても、すぐに調達できるから。大事なのは、肉の味を活かす味つけをすること。例えば、脂肪の多い霜降りの牛肉なら、塩やしょうゆをシンプルに使い、飽きのこないさっぱりした味つけにしたり、豚肉なら、脂身もおいしく食べられるように、砂糖やめんつゆで甘辛いたれの味つけにしたりなど、身近な調味料を使うだけで、十分においしい肉料理は作れます。

好みの調味料に出会えたら
料理はもっと楽しくなる

身近な調味料を使いながら、おいしい肉料理を作れるようになってくると、どんどん楽しくなってきます。そうすると、さまざまな調味料やスパイスなどにも興味が出てくるので、その過程で好みの調味料に出会えたら、それを自分のお気に入りにするといいです。例えば、天然塩、万能スパイス、オリーブオイルなどは、自分のお気に入りのものが見つかると、料理はもっと楽しくなると思います。あと、おすすめしたいのが、調味料BOXです。細々としたキッチンまわりがスッキリしますし、持ち運びもできるので、アウトドア調理にも便利です。

アウトドアなどに持ち運びできる便利な調味料BOX。ばらつきがちな基本調味料、スパイスなどの収納に。写真は、tent-Mark DESIGNS×NATURE WORKSのワーカーズオカモチ。

常備している調味料

a 本みりん

味も栄養面も優秀な本みりんを選ぼう。よりこだわりたい人は原材料に「焼酎」と書かれたものを使用してみると◎。

b しょうゆ

一度使うとほかのものが使えなくなると言われるほどおいしいだししょうゆ（越のむらさき）。薄口しょうゆは白王がおすすめ。

c めんつゆ（3倍濃縮タイプ）

かつおだしが効いためんつゆ（にんべん）を使用。甘さのバランスがよく、これ一つで味が決まるのであらゆる肉料理に。

d ポン酢しょうゆ

肉料理をさっぱり仕上げてくれる（ミツカン）を使用。かけるだけじゃなく、炒め物や煮詰めて照り焼きのたれにも。

e 万能スパイス

万能スパイス選びに迷ったらこれ（ほりにし）。味も香りも汎用性も高く、どんな肉にも合う。肉の臭み消しにも使える。

f 中濃ソース

昔から愛されている中濃ソース（ブルドック）。甘みが強くドロッとしているのが特徴。ウスターソースもあると便利。

g 三温糖

上白糖を煮詰めてカラメル化したもの。コクがあり香ばしい風味もあるので、主に煮物や照りを出したい料理に。

h 天然塩

ミネラルが豊富でまろやかなイタリア産ソルト（モティア 細粒タイプ）。パッケージが可愛いのでキッチンに映える。

i ごま油

濃厚なごまの香りが際立つ純正タイプを選ぼう。最大限に風味を活かしたいときは、加熱を避けて使うのがおすすめ。

j ピュアオリーブオイル

肉を焼いたり加熱する油はピュア＆マイルドの（BOSCO）を使用。クセが少なく、オールマイティに使えるものがベスト。

k EXV オリーブオイル

フルーティーな香りの飲むオリーブオイル（コブラムエステート）。加熱するのはもったいないので、仕上げに使用する。

みそ

この本で、みそと表記のあるものは全て白みそを使用。なかでも信州みそは甘すぎず、肉との相性は抜群。主原料の米麹が肉のうま味を引き立ててくれる。

黒こしょう

ホールのものを使用。ペッパーミルでひきたてを使うとフレッシュな香りが楽しめる。

調理道具と火力の使い分けのこと

調理道具は見た目だけでなく、機能にもとことんこだわる

肉料理を劇的においしく仕上げるために、こだわりたいのが調理道具。とはいえ、基本的には長く使えるものを選んでいます。例えば、鉄製フライパンは、手入れが大変ではありますが一生ものだし、経年変化を楽しめるからおすすめです。そして何より、肉をおいしく焼くことができるのが一番のポイント。まな板も、木製ならカットする音が心地よく、使い込むほどなじんでくるのもお気に入り。アウトドアブランドを好んで使うのは、利便性がよくデザインに優れているから。YouTubeの撮影用に、見た目重視で選ぶ調理道具も多々あります。

ａ カセットコンロ
コンパクトに収納できる卓上コンロ（snow peak）。高火力でチャーハンにも◎。見た目も機能性も抜群。

ｃ 鋳物ホーロー鍋
無水調理ができ、余分な調味料なしでも濃厚な味に仕上がる（STAUB）。手入れも楽なので使いやすい。

ｅ トング
つかみやすく、返しやすいトング（snow peak）。ステーキを焼くときのほか、繊細な調理や盛りつけにも活躍。

ｇ まな板
マンゴーの天然木を使用し、使い込むと風合いが増す（PUEBCO）。ステーキや野菜を切ってそのまま出してもOK。

ｂ 鉄製フライパン
熱伝導と保温性に優れ、鉄の塊から作られたつなぎめがないフライパン（turk）。26cmと20cmを愛用。

ｄ シリコンスプーン
耐熱性があり、色移りも気にならないため、炒める、すくう、盛りつけるがこれ一つでできる（無印良品）。

ｆ 包丁
肉、魚、野菜とオールマイティに使える刃渡り17cmの三徳包丁（藤次郎）。ペティナイフもあると便利。

［ 火力の使い分け ］

弱火とは？
炎が鍋底に当たらない状態。煮物を時間をかけて煮込むときや焦げつきやすい食材を温めるときに使う。

| IHの場合 | 100〜300W |

（目盛り目安：1〜3割程度）

中火とは？
炎の先が鍋底にちょうど当たる状態。肉を焼くとき、炒めるときなど、幅広く使われる温度。

| IHの場合 | 500〜1000W |

（目盛り目安：4〜6割程度）

強火とは？
火が鍋底に勢いよくあたり鍋底全体に広がっている状態。具材に焼き目をつけてうま味を閉じ込めたいときや、お湯を沸かすときに使う。

| IHの場合 | 1500〜2000W |

（目盛り目安：7〜10割程度）

［ 油の温度 ］

150〜160℃ 低温
厚みのある肉や根菜類など、火が通るまで時間のかかる食材を揚げるときに用いる。焦げにくく、中まで火を通すことができる反面、食材の水分が蒸発しにくいのでカラッと揚がらない。主に二度揚げするときの1回目の温度。

170〜180℃ 中温
中まで火を通しつつ、いい揚げ色に仕上げることができる温度。揚げ物の多くはこの温度帯で揚げることが多い。

190〜200℃ 高温
水分を多く含む食材や中まで完全に火を通す必要がない料理に用いる。短時間でサクッと揚がる反面、食材の中心まで加熱する前に焦げてしまうことがあるので分厚い肉には向かない。なすや魚介類、中身が加熱してあるコロッケなどに適している。

お気に入りの調理道具

PART 1

肉屋が教える肉料理

牛肉編

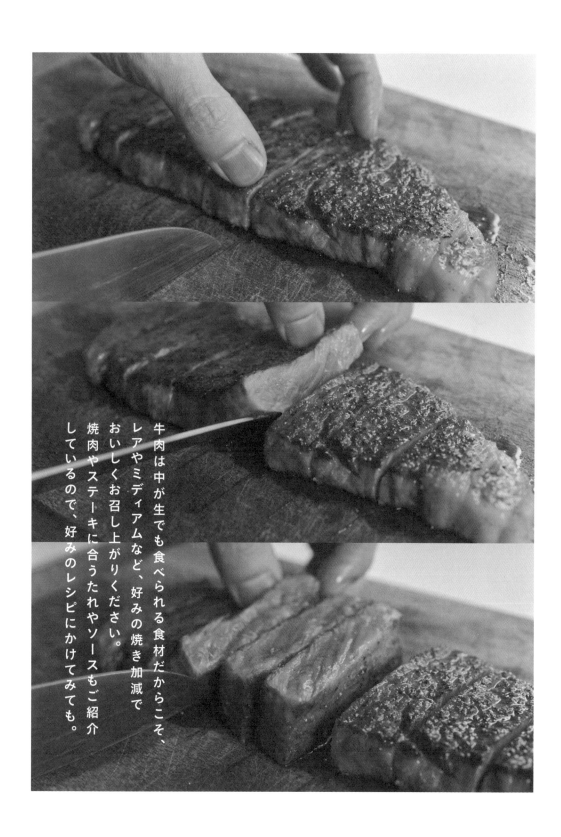

牛肉は中が生でも食べられる食材だからこそ、レアやミディアムなど、好みの焼き加減でおいしくお召し上がりください。焼肉やステーキに合うたれやソースもご紹介しているので、好みのレシピにかけてみても。

肉屋が教える

本書で使用した 牛肉 の部位と特徴

a PART OF MEAT｜和牛サーロイン

適度な脂肪があり、やわらかくて風味もあるので、高級部位とされている。切ると大きさが揃うので、ステーキで食べるのがおすすめ。

b PART OF MEAT｜輸入牛イチボステーキ肉

外ももの上側に位置し、適度な脂肪がある部位。やわらかくて風味があるので、ステーキや焼肉で食べると肉の味が楽しめる。

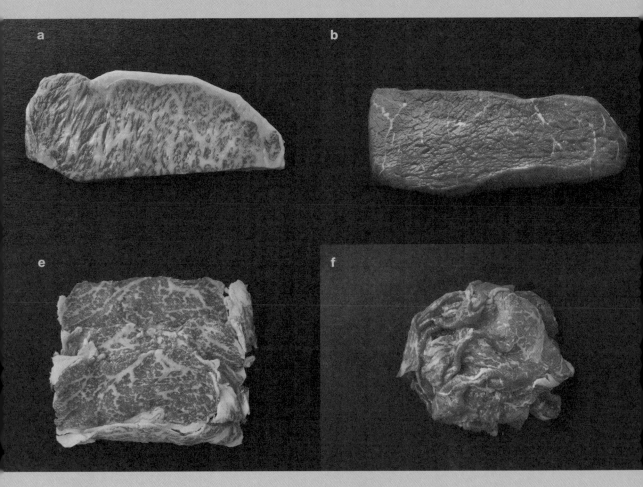

e PART OF MEAT｜和牛リブロース肉

最も厚みのある部位で、きめが細かく、やわらかい。風味が濃厚で甘みがある。薄く切ってすき焼きや、しゃぶしゃぶにするとより甘みを感じられる。

f PART OF MEAT｜牛切り落とし肉

肩やももを、一定の厚みで切り落とした部分。厚みが揃っていて赤身を楽しめるので、焼肉や牛丼などの肉がメインの料理に使うのがよい。

豚肉や鶏肉に比べて高価なので部位と特徴を知って、
その部位のよさを最大限に引き出す調理を心がけましょう。

ⓒ PART OF MEAT | 和牛内もも肉

後ろ足のつけ根に位置し、筋肉質だが赤身の中で
は比較的やわらかい部位。赤身のうま味が味わえる
ローストビーフにし、薄く切って食べるのがおすすめ。

ⓓ PART OF MEAT | 和牛すね肉

ふくらはぎ近くに位置し、運動量が多いので筋が多
くて非常にかたい部位。煮込み料理などに使うこ
とで、やわらかくジューシーになる。

MEMO

和牛・輸入牛・交雑牛の違いは？

和牛は日本で飼育される黒毛和種など最
も高価で肉質がよいもの、輸入牛は海外か
ら輸入されたもの、交雑牛は黒毛和種とホ
ルスタインを交配させた雑種のことをいう。

ⓖ PART OF MEAT | 交雑牛ヒレ肉

背骨の内側に位置し、脂肪が少ない部位。きめ細
かく、やわらかくて風味もよいので、ステーキやカツ
レツなどにするとやわらかいまま食べられる。

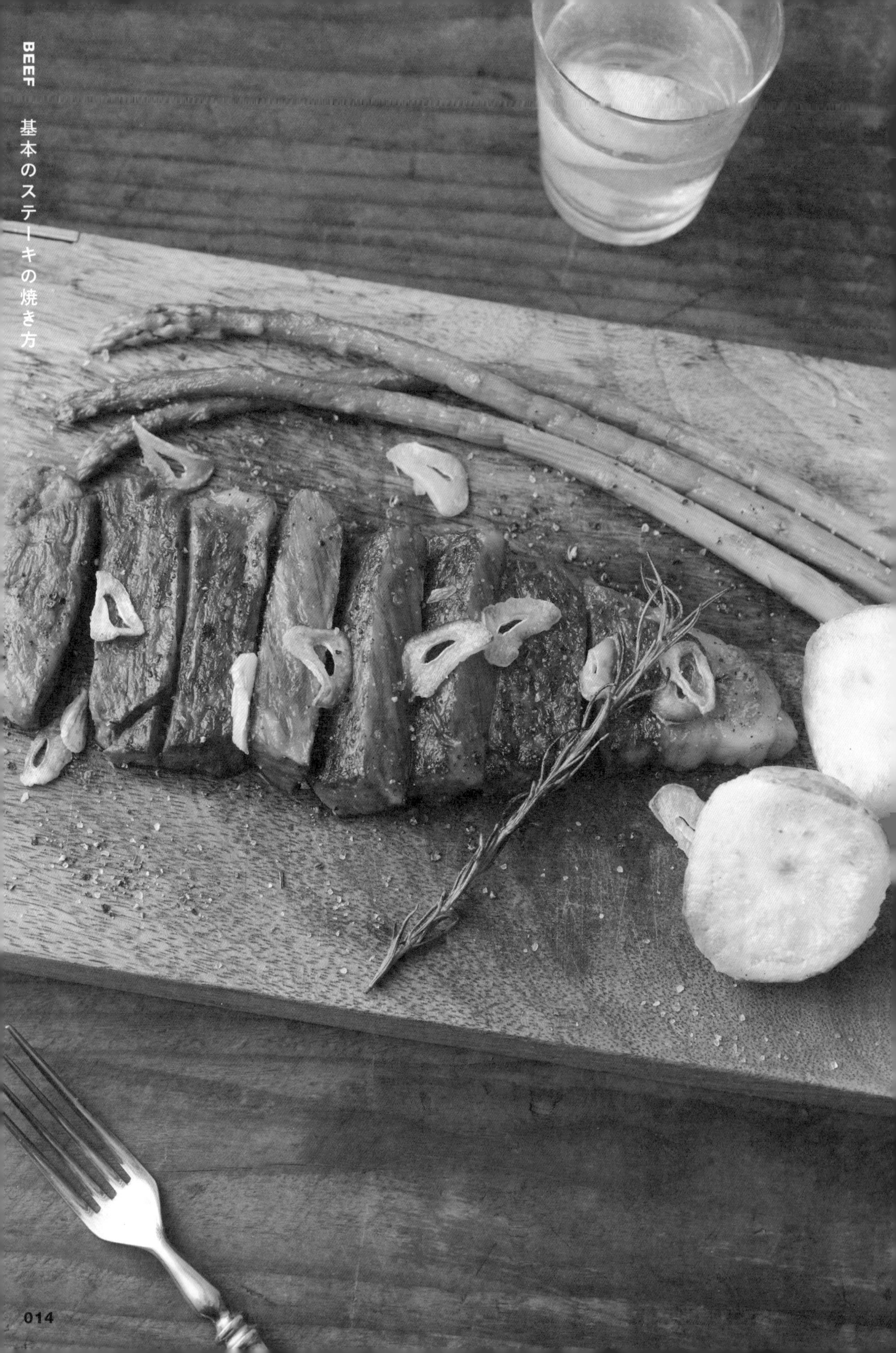

[和牛サーロイン]

口に入れた瞬間とろける

和牛サーロインステーキ

脂がのっていてやわらかい部位のサーロイン。
好みの焼き加減でとろける和牛をお召し上がりください。

材料 2人分

和牛サーロインステーキ肉 … 200g

塩・こしょう … 各適量

A　にんにく … 1かけ
　　　→薄切りにする

　　ローズマリー … 1本

オリーブオイル … 大さじ1

B　グリーンアスパラガス … 適量
　　　→下ゆでする

　　じゃがいも … 適量
　　　→下ゆでし、食べやすい大きさに切る

POINT

牛肉は焼きすぎないように、ステーキ側面の焼き具合をチェックしながら焼きます。好みの焼き加減をマスターしましょう。

レア

牛肉の側面が半分ほど赤い状態で取り出すとレアに。

ミディアム

牛肉の側面に全体に焼き色がついている状態で取り出すとミディアムに。

作り方

1

牛肉は常温に戻し、両面に塩・こしょうをふって下味をつける。

Point

調理する30分前に冷蔵庫から出し、常温に戻しておくと、肉の内側と外側の温度差がなくなり、ムラなく火が通りやすくなる。

2

フライパンにオリーブオイル、**A**を入れて中火にかける。

Point

にんにくとローズマリーから香りが出る。焦げる直前に取り出す。

3

牛肉を入れ、片面を焼く。焼き色がつくまでレアなら1分ほど、ミディアムなら1分30秒ほど加熱する（厚さ2cmの牛肉の場合）。

Point

思っているより火が通るのが早いので、側面の色を落ち着いて見極める。

4

ひっくり返して弱火にし、もう片面も焼く。レアなら1分ほど、ミディアムなら2分ほど加熱する（厚さ2cmの牛肉の場合）。

Point

牛肉は肉汁を逃さないように、なるべく動かさないで焼くのがコツ。

5

牛肉を取り出し、同じフライパンに**B**を入れて焼き色がつくまで焼く。

Point

牛肉は焼いた時間だけ休ませることで肉汁が落ち着き、うま味を閉じ込められる。

ステーキに合う たれ・ソースアラカルト

SAUCE #01

自家製焼肉のたれ

自家製のたれは保存ができるので
多めに作って常備しておくのがおすすめ。

(材料) 約350ml／7〜8回分

A │ 酒…50ml
　│ 砂糖…大さじ1

B │ すりおろしりんご(またはすりおろし玉ねぎ)
　│ 　…1/2個分
　│ しょうゆ…250ml
　│ すりおろしにんにく・すりおろししょうが・
　│ 　はちみつ…各大さじ1

C │ ごま油…大さじ1
　│ 白炒りごま…適量

(作り方)

1　鍋にAを入れて弱火にかけ、砂糖が溶けた
　らBを加える。沸騰したら10分ほど煮る。

2　火を止め、Cを加えて混ぜる。粗熱を取り、
　保存容器に入れて冷蔵庫で保存する(冷蔵
　保存:2週間)。

POINT

- しょうゆは焦げると苦みが出るので、弱火を保つ。
- ごま油は加熱しすぎると、香りと栄養が飛ぶので、
　火を止めてから入れる。
- 味見をするときは、清潔なスプーンを使うこと。

SAUCE #02

わさびじょうゆだれ

わさびの風味豊かなたれは、
焼肉やステーキのほか、カツにかけても。

(材料) 1回分

しょうゆ・赤ワイン…各大さじ2
みりん…大さじ1
すりおろしわさび…小さじ1

(作り方)

1　肉を焼いたあと(または未使用)のフライパン
　に全ての材料を入れて弱火にかけ、沸騰した
　らアルコールが飛ぶまで1分ほど加熱する。

POINT

- わさびとしょうゆは加熱しすぎると、風味が消えるの
　で、みりんのアルコールが飛ぶ程度に加熱する。
- すりおろしわさびは、おろしたての生わさびを使うと、
　さらに香りがよくなる。

焼肉やステーキに合う自家製のたれ、ソースをご紹介します。
そのまま作ってもよいですが、肉を焼いたあとのフライパンで作るとコク深い味わいに。

SAUCE #03

おろしポン酢だれ

ポン酢しょうゆとすだちの酸味が
ステーキによく合う。

（材料）1回分

すだち…1個

→3枚分を輪切りにし、残りは果汁を搾る

A｜ 大根おろし…3〜4cm分
　｜ ポン酢しょうゆ…大さじ3
　｜ 七味唐辛子…適量

（作り方）

1　ボウルにすだちの果汁、Aを
　　入れて混ぜる。好みのステー
　　キにかけ、輪切りにしたすだち
　　をのせる。

POINT

• 大根おろしは水けをしっかり搾ること
　で、味がぼやけずに仕上がる。

• ポン酢しょうゆは好みの量を加えて
　味を調整する。

SAUCE #04

シャリアピンソース

輸入牛ステーキにかければ
一気に高級感のあるステーキに。

（材料）1回分

すりおろし玉ねぎ・すりおろしりんご
　…各1/2個分
酢・しょうゆ・酒…各大さじ2
砂糖…大さじ1

（作り方）

1　肉を焼いたあと（または未使
　　用）のフライパンに全ての材料
　　を入れて弱火にかけ、10分ほ
　　ど煮る。

POINT

• すりおろし玉ねぎとすりおろしりんごの
　水けが飛ぶまでよく煮る。

SAUCE #05

バルサミコソース

コクのある濃厚ソースは
ローストビーフにかけて。

（材料）1回分

すりおろし玉ねぎ…1/2個分
しょうゆ…大さじ4
水…大さじ3
赤ワイン…大さじ2
バルサミコ酢…大さじ1
砂糖…大さじ1/2
バター…10g

（作り方）

1　肉を焼いたあと（または未使
　　用）のフライパンにバターを熱
　　し、溶けたら残りの全ての材
　　料を入れて弱火で10分ほど
　　煮る。

POINT

• 赤ワインのアルコールを飛ばすために
　沸々させつつ、焦げると苦みが出るの
　で弱火を保つ。

• すりおろし玉ねぎと赤ワインの水けが
　飛ぶまでよく煮る。

[輸入牛イチボステーキ肉]

激安肉をやわらか高級肉に変える

輸入牛ステーキ

下処理と少しの手間だけで高級な肉に早変わり。
ご家庭で高級店のような味をお楽しみください。

材料 2人分

輸入牛イチボステーキ肉 … 250g

塩・こしょう … 各適量

にんにく … 1かけ

　→薄切りにする

シャリアピンソース（P17参照）… 全量

牛脂 … 1個

イタリアンパセリ … 適量

POINT

・ 手に入れば和牛の牛脂を使うことで、より風味がよくなり、安肉っぽさが消える。

作り方

1

牛肉は調理する30分前に冷蔵庫から出し、常温に戻す。ペーパータオルで水けを拭き取る。

Point

解凍したあとや、時間が経つと出てくる水けが臭みの原因になるので、必ず拭き取ること。

2

牛肉の筋を断つように、1cm間隔で切り込みを入れる。

Point

牛肉を焼いたときの反り返りを防ぐことができる。

3

牛肉の両面に塩、こしょうをふって下味をつける。

Point

2、3の工程は焼く直前に行うことで、肉汁やうま味を閉じ込められる。

4

フライパンに牛脂を中火で熱し、ある程度溶けたら取り出す。にんにく、牛肉を入れ、にんにくはきつね色になったら取り出して牛肉は片面1分30秒ほど焼く。ひっくり返して弱火にし、1分30秒ほど焼く。

5

アルミホイルで包み、3分ほど休ませて余熱で火を通す。薄切りにして器に盛り、ソースをかけて**4**のにんにく、パセリを添える。

Point

焼いた時間と同じくらい休ませる。焼く時間を5割、余熱時間を5割で火を通す。

ARRANGE
MENU

肉屋直伝！ 中毒性がございます

ステーキに添える **ガーリックライス**

にんにくが効いたパンチのある味つけ。
ステーキとの相性抜群です。

材料 1人分

輸入牛ステーキ（P18参照）… 100g

にんにく … 3かけ
　→みじん切りにする

ごはん … 茶碗1杯分

A | 粗びき黒こしょう … 適量
　| バター … 10g
　| しょうゆ … 小さじ2
　| うま味調味料 … 小さじ1

オリーブオイル … 大さじ1

ガーリックチップ … 適宜

イタリアンパセリ … 適宜
　→粗みじん切りにする

粗びき黒こしょう … 適量

作り方

1 フライパンにオリーブオイルをひき、にんにくを入れて弱火にかける。

2 にんにくの色が変わったらごはんを加えて中火にし、ほぐしながら油を吸わせて炒める。

3 **A**を加えてよく混ぜながら炒める。

4 器に盛り、ステーキをのせて好みでガーリックチップ、パセリを散らし、粗びき黒こしょうをふる。

POINT

- にんにくやバターは焦げやすいので、ごはんや**A**を加えたときは、中火で炒めるのがよい。

- **A**の粗びき黒こしょうは、想像上の適量の3倍ほどの分量を加えることでおいしく仕上がる。

- 味が薄い場合は、塩（分量外）を加えて調整する。

[和牛内もも肉]

引くほど完璧な

ローストビーフ丼

ローストビーフは温度調節が命。
炊飯器を使えば自宅でも簡単にお店の味が再現できます。

材料 4人分

和牛内もも肉（ローストビーフ用）… 500g

塩・こしょう … 各適量

にんにく … 1かけ

　→みじん切りにする

熱湯 … 1ℓ

冷水 … 200㎖

あたたかいごはん … 丼4杯分

バルサミコソース（P17参照）… 全量

オリーブオイル … 大さじ2

卵黄・かいわれ大根 … 各適宜

POINT

- 牛肉は表面をしっかり焼くことで、香ばしくなるだけでなく、肉汁を閉じ込められる。

- 60〜70℃で保温することが重要。炊飯器の保温モードを使えば、温度管理が簡単になる。

作り方

1

牛肉は調理する30分前に冷蔵庫から出し、常温に戻す。全面に塩、こしょう、にんにくをすりこむ。

Point
たこ糸があれば、下味をつける前に牛肉に巻くことで、形よく作ることができる。

2

フライパンにオリーブオイルを中火で熱し、牛肉を入れて全面に焼き色をつける。

Point
牛肉は焼きすぎるとかたくなるので、断面を見て表面から5mm幅ほど火が通っている状態が目安。最後に断面も焼く。

3

牛肉をジッパーつき保存袋に入れて空気を抜く。炊飯器に入れて熱湯、冷水を加え、保温ボタンを押して40分保温する。

Point
熱湯と冷水を分量通りに加えることで、60〜70℃に保つことができる。

4

牛肉を取り出してたこ糸を取り、粗熱が取れたら薄切りにする。器にごはん、牛肉を盛り、バルサミコソースをかける。好みで卵黄をのせ、かいわれ大根を散らす。

Point
牛肉はあたたかい状態で切ると、肉汁が溢れてしまう。冷ましてから切ること。

[和牛すね肉]

ルウを使わずに高級レストランの味

ビーフシチュー

焼き色がついた食材を煮込むことでうま味が凝縮。
市販のルウを使わなくても濃厚なビーフシチューが作れます。

材料　4人分

和牛すね肉（またはもも肉／ビーフシチュー用）
　…600g

A｜塩・こしょう・小麦粉…各適量

にんにく…1玉
　→皮つきのまま半分の厚さに切る

玉ねぎ…1個
　→2cm幅のくし形切りにする

水…1〜1.2ℓ

ローリエ…1枚

赤ワイン（できればフルボディ）…500㎖

B｜デミグラスソース缶…1缶（290g）
　｜バター…30g
　｜トマトケチャップ・ウスターソース
　｜　…各大さじ2

C｜塩・粗びき黒こしょう…各適量
　｜砂糖…大さじ2〜3

オリーブオイル…大さじ1

D｜ゆでにんじん・ゆでじゃがいも・
　｜　クレソン…各適量
　｜　→好みの大きさに切る

生クリーム…適量

POINT

- 牛肉は和牛を使い、赤ワインはフルボディを使うことで、おいしさのレベルが格段にアップ。赤ワインは1000円くらいの手軽なものでOK。

- 食材にしっかり焼き色をつけることで、うま味が凝縮されて深い色のスープに仕上がる。

- 丁寧にアクを取り除くことによって、きれいな色のビーフシチューに仕上がる。

- 赤ワインをそのまま使わず、煮詰めてから使うことにより、味に深みが増す。

- すね肉はよく煮込むことによって、格段にやわらかくなる部位。極弱火でじっくり煮込むのがコツ。

作り方

牛肉は常温に戻し、**A**を材料欄の順で全面にまぶして揉み込む。

Point
ルウを使わない代わりに、小麦粉をまぶすことでとろみがつく。

フライパンにオリーブオイルを中火で熱し、牛肉を入れて全面に焼き色がついたら煮込み用の鍋に移す。

Point
このあと煮込むので、牛肉は中まで火を通さなくてよい。

2のフライパンににんにくの断面を下にして入れ、玉ねぎを加えて炒める。焼き色がついたら**2**の鍋に移す。

Point
にんにくは頭側だけ皮をむいて鍋に入れる。根側は皮がむけないので皮ごと入れる。

鍋に具材がかぶるくらいの水を加え、蓋をして火にかける。沸騰したらローリエを加え、蓋をして極弱火にする。途中でアクを取り除きながら3時間（牛もも肉の場合は1〜2時間）ほど煮込む（煮汁が減ったら足す）。

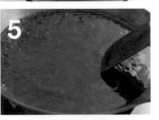

3のフライパンの余分な油を拭き取り、赤ワインを入れて半量になるまで煮詰める。

Point
フライパンについたうま味をこそぎ取りながら、とろみが出るまで煮詰める。

牛肉がやわらかくなったらにんにくを取り除き、**5**、**B**を加えて弱火で30分ほど煮込む。**C**を加えて味を調える。器に盛り、**D**を添えて生クリームをかける。

Point
使うワインによって酸味が異なるので、好みで砂糖を加えて甘みを調整する。

[和牛リブロース肉]

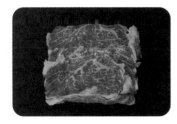

贅沢に楽しめる

和牛すき焼き

3段階に分けてすき焼きをお楽しみください。
牛肉本来の味を楽しんでから煮汁の一滴まで贅沢に堪能できます。

材料 2～3人分

和牛リブロース肉 … 200g

砂糖 … ひとつまみ

しょうゆ … 適量

溶き卵 … 適量

長ねぎ … 1本
　　→斜め切りにする

玉ねぎ … 1個
　　→1cm幅のくし形切りにする

A | しらたき … 200g
　　→熱湯で2～3分煮て冷水にとり、
　　　食べやすい大きさに切る

まいたけ … 100g
　　→ほぐす

焼き豆腐 … 1丁（350g）
　　→8等分に切る

春菊 … 1束
　　→食べやすい大きさに切る

B | しょうゆ … 大さじ4
　　みりん … 大さじ3
　　砂糖 … 大さじ2
　　酒 … 大さじ1

あたたかいごはん … 茶碗2～3杯分

牛脂 … 1個

刻みのり … 適量

POINT

- 和牛に合うように、割り下は少し濃いめ
  の配合にする。
- 割り下の黄金比率は、しょうゆ4：みりん
  3：砂糖2：酒1

すき焼きの楽しみ方

● まずは牛肉だけを味わう

鍋に牛脂を熱し、香りが出た
ら取り出して牛肉を2～3枚
入れる。

Point
牛脂がない場合は、バター5gで代
用できる。

軽く色が変わったらひっくり返
し、砂糖をかけてしょうゆを回
し入れる。溶き卵を絡めてい
ただく。

Point
牛肉はほどよくピンク色が残るくらい
の焼き加減が食べごろ。

● 続いて割り下と食材のハーモニーを

2の鍋に長ねぎ、玉ねぎを入
れて焼き色をつける。

Point
煮る前に、長ねぎと玉ねぎを焼くこと
で、香ばしさと味に深みが出る。

A、B、残りの牛肉を加え、途
中で具材をひっくり返しながら
煮る。煮えた具材から溶き卵
を絡めていただく。

Point
牛肉以外にも、豚肉や鶏肉をすき焼
きにするのもおすすめ。

● 〆は丼に

あたたかいごはんに4の具材
をのせ、余った溶き卵をかけ、
刻みのりをのせていただく。

Point
鍋に残った具材には牛肉のうま味が
たっぷり。たれがしみ込んだ具材と
溶き卵で贅沢に。

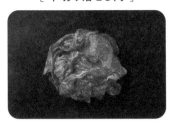

[牛切り落とし肉]

王道にして究極の

牛丼

玉ねぎのうま味を引き出しつつ、牛肉の煮込み時間を短くすることで
やわらかくて味のしみた牛丼に仕上がります。

材料 2人分

牛切り落とし肉 … 250g
　　→食べやすい大きさに切る

玉ねぎ … 1/2個
　　→1.5〜2cm幅のくし形切りにする

A | 水 … 150mℓ
　 | しょうゆ … 大さじ3
　 | 三温糖 … 大さじ2
　 | 白ワイン … 50mℓ
　 | みりん … 大さじ1
　 | しょうが … 1かけ
　 　→皮つきのまません切りにする

あたたかいごはん … 丼2杯分

牛脂 … 1個(またはサラダ油小さじ1)

紅しょうが … 適量

POINT

- 牛肉と玉ねぎを一緒に入れると煮込み時間が長くなり、牛肉がかたくなる。具材に味がしみ込んでから、最後に牛肉を加えるのがポイント。加熱時間が短くなり、やわらかい仕上がりになる。

作り方

1

鍋に牛脂を熱し、玉ねぎを入れて中火で炒め、軽く焼き色がついたら牛脂を取り出す。

Point

玉ねぎを牛脂で炒めることで、コクと甘みが増す。

2

Aを加えて沸騰したら弱火にし、沸々した状態を保ちながら5分ほど煮る。

Point

白ワインを加えることで、ほのかな酸味のすっきりした味わいに仕上がる。

3

牛肉を加え、アクを取りながら弱火で5分ほど煮る。

Point

牛肉は最後に加えることで、火が入りすぎず、やわらかく仕上がる。

4

煮汁が減ったら火を止め、粗熱を取る。再度火にかけてあたためる。あたたかいごはんを盛った器にかけ、紅しょうがをのせる。

Point

一度冷ますことで、牛肉に味が一気にしみ込む。

[牛肉切り落とし肉]

肉屋が教えるキャンプ飯・BBQ料理

牛肉のペッパーライス

バターが牛肉とごはんによく絡んで絶品。
焼肉のたれがマッチして止まらないおいしさです。

（ **材料** ） 2人分

牛切り落とし肉 … 250g

ごはん … 茶碗1杯分

A スイートコーン缶 … 1缶

　　 小ねぎ … 1本

　　　 →小口切りにする

バター … 10g

粗びき黒こしょう … 適量

自家製焼肉のたれ（P16参照） … 大さじ4〜5

牛脂（またはサラダ油） … 適量

POINT

- スキレットは20㎝サイズを使用。焦げやすいので、鍋肌にしっかりと脂を塗り込むこと。

- サラダ油ではなく、牛脂を使うとワンランクアップ。

- 全ての材料をスキレットに盛りつけてから火にかける（コールドスタート）。

- 牛肉に火が通ってきたら、焼き肉のたれをかけて味をしみ込ませるのがコツ。

（ **作り方** ）

1 スキレット（またはフライパンやホットプレート）に牛脂を熱し、ある程度溶けたら取り出し、火を止める。

2 茶碗にごはんを盛り、ひっくり返してスキレットの中央に盛る。

3 ごはんの周りに牛肉を加え、**A**を全体に散らす。ごはんの上にバターをのせ、粗びき黒こしょうをふる。

4 中火にかけ、牛肉にある程度火が通ったら、焼肉のたれを牛肉にかけて焼き色がつくまで加熱する。

5 全体に火が通ったら、混ぜ合わせていただく。

[交雑牛ヒレ肉]

行列ができるほどうまい

牛ヒレカツサンド

カツにたれをたっぷりしみ込ませるのがポイント。
粒マスタードをわさびじょうゆだれ（P16参照）にして和風に仕上げても。

材料 2人分

交雑牛ヒレ肉（ステーキ用）… 2枚（300g）

塩・こしょう… 各適量

A 小麦粉… 適量
　　溶き卵… 1個分
　　パン粉… 適量

食パン（8枚切り）… 4枚
　→耳を切り落とす

粒マスタード… 適量

B めんつゆ（2倍濃縮）… 100㎖
　　すりおろしにんにく・すりおろしわさび・
　　砂糖… 各小さじ1

キャベツ… 適量
　→せん切りにする

サラダ油… 1ℓ

バター… 適量

POINT

- 牛肉から水分が出てしまうため、塩、こしょうで下味をつけるのは衣をつける直前に行うこと。
- カツを食パンの上に斜めにのせると、切ったときの断面全体に肉が現れてきれいに仕上がる。

作り方

1 牛肉は常温に戻し、筋を断つように、1cm間隔で切り込みを入れる。余分な脂を切り落とし、塩、こしょうをふって下味をつける。

Point 筋を切ったあとに、手の平で牛肉全体を押しつぶすと、揚げムラなく仕上がる。

2 牛肉の全面に**A**を材料欄の順につける。鍋にサラダ油を入れて170℃に熱し、牛肉を入れて両面1分30秒ずつ揚げて取り出す。

Point 牛肉を取り出したら、トレーに立てたり、ペーパータオルの上にのせるなどして、油をしっかりきる。

3 フライパンにバターを中火で熱し、食パンを入れて両面こんがりと焼き色がつくまで焼く。取り出して食パン2枚にマスタードを塗る。

Point バターは焦げやすいので、火力が強く感じたら弱火にする。1分〜1分30秒で焼き色がつく。

4 3のフライパンに**B**を入れ、混ぜながら弱火で軽くあたためる。2のカツを入れて両面にたれをよくしみ込ませる。

Point カツを何度かひっくり返しながら、たれをたっぷり吸わせる。

5 マスタードを塗った食パン1枚にカツ、キャベツをのせ、マスタードを塗っていない食パンで挟んで斜め半分に切る。これを2個作る。

Point 食パンで挟んだあと、上から押さえつけると、しっかりサンドされて半分に切りやすくなる。

PART 2

肉屋が教える肉料理

豚肉編

豚肉は部位によってかたさが全く異なるので
その部位に合ったレシピをご紹介します。
下処理の仕方など、ポイントをおさえるだけで
格段にやわらかく、おいしく仕上がるので
ぜひご自宅でも参考にしてみてください。

肉屋が教える

本書で使用した 豚肉 の部位と特徴

PART OF MEAT | 豚肩ロース肉（ロース側）

ロース側は適度な脂肪があり、脂身と赤身のバランスがよい。やわらかくて風味があるので、ステーキや焼肉にして食べるのがおすすめ。

PART OF MEAT | 豚肩ロース薄切り肉

ロースよりも脂身が多く、豚のうま味があり、濃厚な薄切りはしょうが焼きにしたり、しゃぶしゃぶにすることでよりうま味が引き出せる。

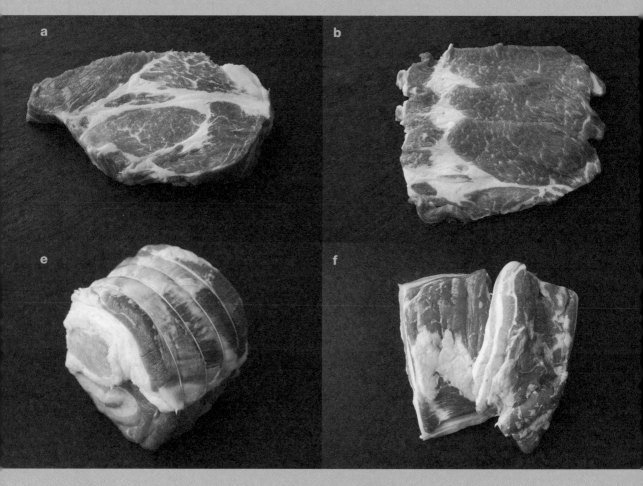

PART OF MEAT | 豚バラかたまり肉（チャーシュー用）

あばら骨の周りの部位。スーパーでチャーシュー用として売っている場合はたこ糸が巻いてあることが多く、肉屋で買えばたこ糸を巻いてくれる。

PART OF MEAT | 豚バラかたまり肉

豚バラは脂身と赤身が層になっていてバランスがよく、コクがある部位。角切りにして煮込み料理に使うことで風味も豊かにおいしく味わえる。

豚肉は厚切りや薄切りなど部位によって使い分けるのがポイント。
よく使う豚肉も特徴を知っていればさらにおいしく調理できます。

PART OF MEAT | 豚肩ロース肉（ネック側）

ネック側は運動量が多いのでかための部位。ゼラチン質が多く、コクがあるので煮豚やシチューなどに使えばやわらかく、さらにおいしくなる。

PART OF MEAT | 豚ロース厚切り肉

表面に適度に脂肪がついていてきめが細かく、やわらかい部位。甘みとうま味が凝縮されているのでソテーにして食べると脂が溶け出ておいしい。

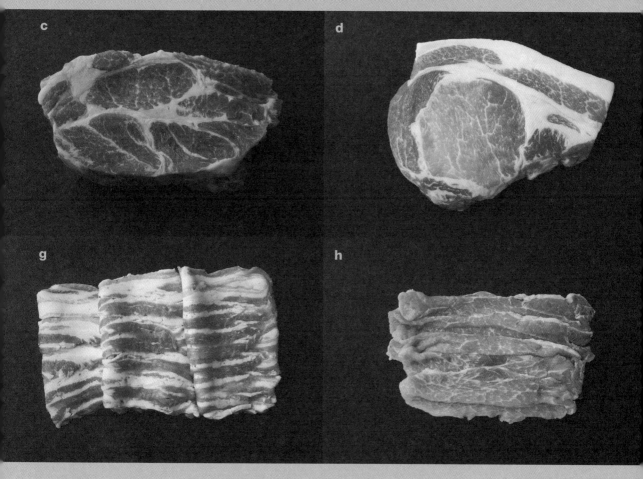

c

d

g

h

PART OF MEAT | 豚バラ薄切り肉

薄切りは口溶けがなめらかで脂の甘みを感じられる。煮込み料理に入れて野菜と一緒に煮込むことでうま味と甘みがしみ込む。

PART OF MEAT | 豚もも薄切り肉

運動量が多い部分なので赤身が多く、脂身が少なくてあっさりしている。かたくなりやすいので蒸したり、炒め物に使うのがよい。

豚肩ロースかたまり肉を捌いて
用途別に分解する

豚肩ロースかたまり肉は場所によってかたさが異なります。
用途に合った使い分けをすることでその部位のよさを引き出します。

かたまり肉の中でも
やわらかい部分とかたい部分で
使い分ける

業務用スーパーや大型のスーパーでよく目にするようになったかたまり肉。多くは骨が抜かれており、表面をきれいに整えてあげるだけで、家でも簡単にカットして調理することができますし、何より格安でおいしい肉料理が作れます。ここでは、豚肩ロースかたまり肉を使って、用途別に分解してみましょう。豚肩ロースかたまり肉は、部位で言うと肩から背中の部分。首側はよく動かすので筋が多くかたいた

め、煮込み料理やひき肉にしてメンチカツなどに適しています。ロース側はやわらかくうま味とコクが強いので、厚切りにしてソテーやとんカツに。真ん中の部分は、赤身と脂身のバランスがいいので薄切りにしてしょうが焼きなどに使いましょう。脂身の多い部分やかたい部分を知っておくと、焼き肉や煮込み料理、ステーキ、しゃぶしゃぶなど、用途別においしく食べることができます。

かたい首側　　　　　真ん中　　　　　やわらかいロース側

角切りにして
煮込みに

↓

スライスにして
しょうが焼きや炒め物に

↓

厚切りにして
ソテーやとんカツに

↓

麻薬煮豚 ⇒P43

首側は程よい脂身もあるが筋が多くかたい部分。角切りにして煮込みにしたり、粗く刻んでひき肉にして使うのがおすすめ。

しょうが焼き ⇒P42

真ん中の部分は脂身と赤身のバランスがよく、薄切りにすることで煮たり、焼いたり、炒めたりと万能に使うことができる。

絶品厚切りとんテキ ⇒P40

ロース側は、筋肉をあまり動かさないので脂肪がついてやわらかい。うま味も濃いので厚切りにしてソテーやとんカツに最適。

最もやわらかい部分を厚切りにしてステーキに

[豚肩ロース肉（ロース側）]

厚切りなのにやわらか！

絶品厚切りとんテキ

焼き時間を短くすることで豚肉がやわらかく仕上がります。
にんにくの効いたとろみのあるたれが豚肉に絡んで美味。

（材料）1人分

豚肩ロース肉（ロース側）… 1枚（150g）

塩・こしょう … 各適量

小麦粉 … 適量

にんにく … 1かけ

　→ 薄切りにする

A ┃ トマトケチャップ・ウスターソース・
　　┃ みりん・水 … 各大さじ1
　　┃ すりおろしにんにく … 小さじ1
　　┃ 砂糖・しょうゆ … 各大さじ1/2

サラダ油 … 大さじ3

POINT

- 厚切り肉は、焼き時間を短くすることがやわらかく仕上げるポイント。肉を常温に戻しておき、余熱を利用することで焼き時間を短縮できる。

- 小麦粉をまぶすことで、カリッと仕上がり、ソースの絡みもよくなる。

- 豚肉を焼く前にたれを合わせておくことで、慌てずにすぐにたれを加えることができる。

（作り方）

1

豚肉は常温に戻し、ペーパータオルで水けを拭き取る。脂身側に3〜4か所切り込みを入れ、両面に塩、こしょうをふり、小麦粉をまぶす。**A**は混ぜ合わせておく。

2

フライパンにサラダ油をひき、にんにくを入れて弱火で熱し、にんにくがきつね色になったら取り出す（にんにくは取っておく）。豚肉を入れ、中火で片面を3分ほど焼く。

3

焼き色がついたら、取り出して3分ほど休ませる。

Point
余熱で火を通すことで、焼き時間が短くなり、やわらかく仕上がる。

4

フライパンの余分な脂を拭き取って中火で熱し、豚肉の焼いていない面を下にして入れる。2分ほど焼いて豚肉全体に火を通す。

Point
豚肉が焦げそうであれば弱火にする。

5

Aを加え、豚肉に絡めながら照りが出るまで1分ほど加熱する。好みの大きさに切り、器に盛る。**2**のにんにくをのせて残ったたれをかける。

Point
豚肉は何度かひっくり返し、全体にたれを絡める。

[豚肩ロース薄切り肉]

肉屋が教える甘辛コッテリ洋食風

豚のしょうが焼き

脂身のバランスがよい部位を薄切りにしてしょうが焼きに。
濃厚な味つけでごはんが進むおいしさです。

材料 2人分

豚肩ロース (または豚ロース) 薄切り肉
　…350g

A | しょうゆ…大さじ2
　| 砂糖…大さじ1と1/2
　| すりおろししょうが…大さじ1
　| 日本酒…小さじ2
　| 豆板醤…小さじ1

玉ねぎ…1/2個
　→薄切りにする

トマトケチャップ…小さじ1

ラード (またはサラダ油)…適量

キャベツ…適量
　→せん切りにする

作り方

1 豚肉は常温に戻す。**A**は混ぜ合わせておく。

Point

少し厚めの薄切り肉も、常温に戻すとやわらかく仕上がる。

2 フライパンにラードを入れて中火で熱し、豚肉を広げながら入れる。

3 両面焼き色がつくまで加熱し、**A**、玉ねぎを加えて煮汁を絡める。

4 全体に焼き色がついたら**トマトケチャップを加え**(**a**)、照りが出るまで加熱する。

5 器に盛り、キャベツを添える。

POINT

**トマトケチャップを仕上げに
加えるのがおいしさの秘訣**

最後にトマトケチャップを加えることによって、ほどよい酸味が残り、おいしく仕上がる。

[豚肩ロース肉（ネック側）]

控えめにいってヤバすぎた

麻薬煮豚

残った部分はブロックで煮豚に。
ごはんにのせて丼にしたり、つまみとしてお酒のお供に。

材料　2人分

豚肩ロース肉（ネック側）… 200g

卵 … 6個

A | しょうゆ・水 … 各100mℓ
砂糖 … 大さじ3
すりおろしにんにく … 小さじ1
白炒りごま・ごま油 … 各大さじ1

長ねぎ … 1本

→白い部分はみじん切りにし、
青い部分はそのまま残しておく

POINT

- 卵をゆでるときに、酢少量を加えると卵が
割れても白身が中から出てこない。

作り方

1　鍋にたっぷりの水（分量外）を入れて沸かし、卵を入れて6分半ほどゆでる。湯は残したまま卵を取り出し、冷水にひたしながら殻をむく。

2　保存容器に**A**、長ねぎの白い部分を入れて混ぜ合わせておく。

3　**1**の湯に豚肉、長ねぎの青い部分を入れ、極弱火で15分ほどゆでたら豚肉を鍋から取り出す。粗熱が取れたら小さいサイコロ状に切る。

4　**2**の保存容器にゆで卵、豚肉を加え、冷蔵庫で一晩寝かせる。食べるときはあたため直してからいただく。

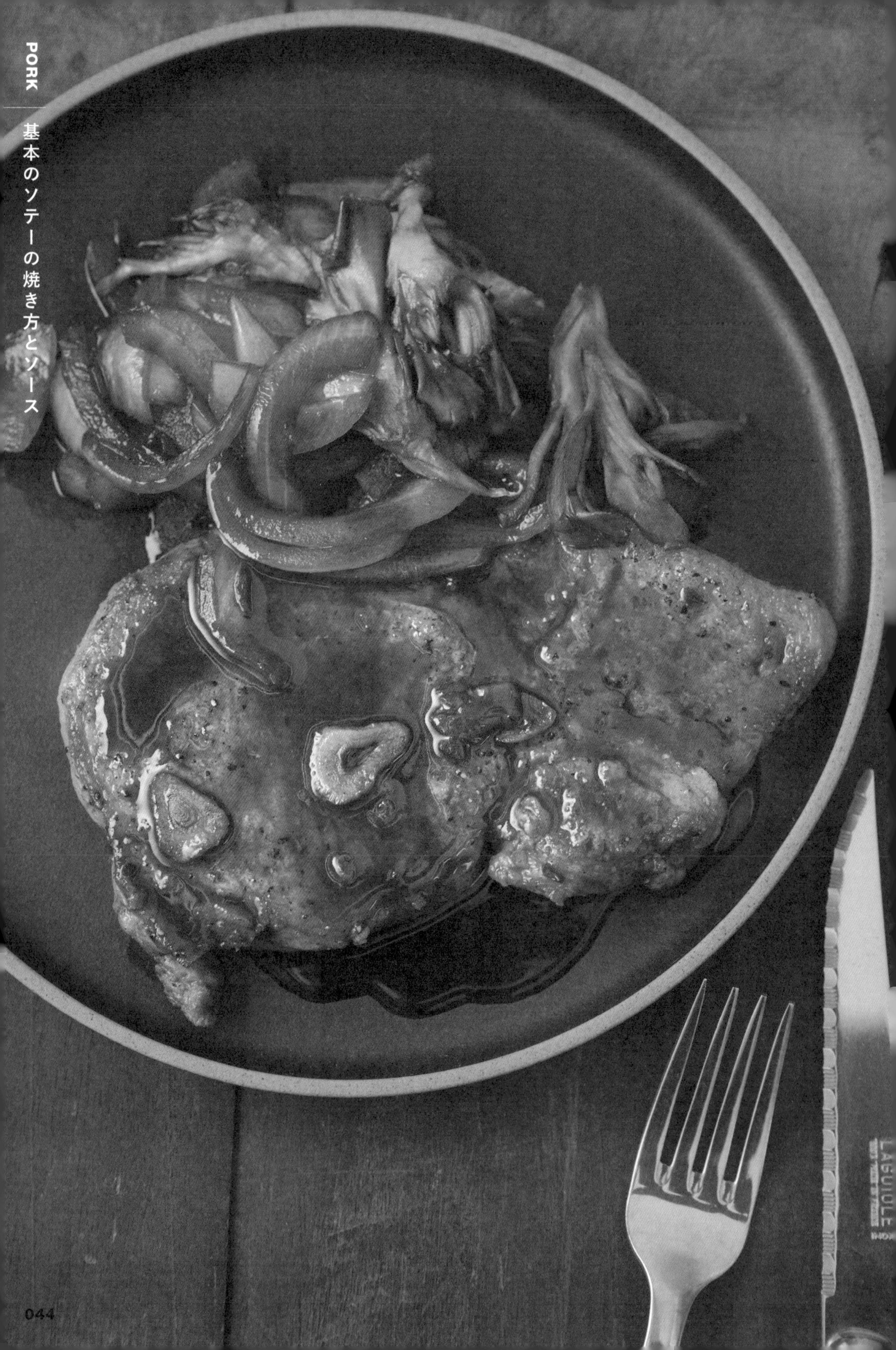
LAGUIOLE

[豚ロース厚切り肉]

肉屋が教える

基本の厚切りポークソテー

（ウスターしょうゆ）

豚肉は余熱を利用することでジューシーに仕上がります。
ウスターしょうゆのこってりソースが絡む一品です。

（材料） 1人分

豚ロース厚切り肉 … 1枚（200g）

塩・こしょう … 各適量

にんにく … 1かけ
　→薄切にする

まいたけ … 50g
　→ほぐす

玉ねぎ … 1/4個
　→薄切にする

A │ ウスターソース・しょうゆ … 各25mℓ
　　│ 赤ワイン … 大さじ1

サラダ油 … 大さじ2

バター … 10g

POINT

- 豚肉は冷たい状態で焼くと、中まで火が通りにくいので、常温に戻しておく。
- 豚肉は焼きすぎず、余熱を利用することで、やわらかく仕上がる。

（作り方）

豚肉は常温に戻し、筋を断つように、1cm間隔で切り込みを入れる。

Point
豚肉に切り込みを入れることで、焼いたときの反り返りを防ぐことができる。

豚肉の両面に塩、こしょうをふって下味をつける。

Point
脂身にも満遍なく、塩、こしょうをつけるのがポイント。

フライパンにサラダ油を熱し、豚肉を入れて中火で片面を3分ほど焼く。

Point
豚肉は断面を焼く前に、側面の脂身をフライパンに押しあて、焼き色をつける。

焼き色がついたら、取り出して3分ほど休ませる。

Point
余熱でしっかり火を通す。

フライパンの余分な脂を拭き取り、バターを熱して溶かしたら、にんにくを加える。豚肉の焼いていない面を下にして入れ、弱火で2〜3分焼く。

Point
余分な脂を拭き取ってからバターを入れることで、油っぽくならない。

まいたけ、玉ねぎ、**A**を加え、中火で具材がしんなりするまで炒める。

Point
豚肉は焼けていたら先に取り出しておくと、かたくなるのを防ぐことができる。

ARRANGE
MENU

[豚ロース厚切り肉]

これ以上のレシピはないと思うくらいおいしい

ハニーマスタードポーク

基本のポークソテーを甘みのあるたれで味つけ。
豚肉は焼きすぎないことがやわらかく仕上げるコツです。

(材料) 1人分

[ハニーマスタードポーク]

豚ロース厚切り肉 … 1枚 (200g)

塩・こしょう … 各適量

A　粒マスタード・はちみつ … 各大さじ1
　　しょうゆ … 小さじ1
　　すりおろしにんにく … 小さじ1/2

白ワイン … 大さじ1

オリーブオイル … 大さじ2

バター … 10g

[クリーム煮]

B　玉ねぎ … 1/4個　→薄切りにする
　　しめじ … 50g　→石づきを切り落とし、ほぐす

生クリーム … 100mℓ

オリーブオイル … 小さじ1

粗びき黒こしょう・イタリアンパセリ … 各適量

(作り方)

[ハニーマスタードポーク]

1 豚肉は常温に戻し、筋を断つように、1cm間隔で切り込みを入れる。両面に塩、こしょうをふる。

2 フライパンにオリーブオイルを熱し、豚肉を入れて中火で片面を3分ほど焼く。取り出して3分ほどおく。Aは混ぜ合わせておく。

3 フライパンの余分な脂を拭き取ってバターを中火で熱し、豚肉の焼いていない面を下にして入れ、白ワインを加える。アルコールが飛んだらAを加えて2分ほど加熱する。豚肉は食べやすい大きさに切る。

[クリーム煮]

4 別のフライパンにオリーブオイルを熱し、Bを入れて焼き色がつくまで炒める。

5 4に3、生クリームを加えてとろみが出るまで煮込む。粗びき黒こしょうをふり、パセリを添える。

[豚ロース厚切り肉]

肉屋が教える秘伝の漬け床

豚肉のみそ漬け

みそ床に漬け込んで味わい豊かなソテーに。
焼くときは余分なみそを取るのがポイントです。

(材料) 1人分

豚ロース厚切り肉 … 1枚（150g）

A 白みそ … 80g
　　みりん … 大さじ1

B にんじん … 1/4本
　　　→細切りにする
　　玉ねぎ … 1/4個
　　　→薄切りにする
　　ピーマン … 1/2個
　　　→細切りにする
　　しめじ … 50g
　　　→石づきを切り落とし、ほぐす

サラダ油 … 大さじ1

(作り方)

1 豚肉の全面に混ぜ合わせた**A**を満遍なく塗る。ラップで密閉し、冷蔵庫で2〜3日漬ける。

2 豚肉についた余分なみそをこそぎ取り（**a**／みそは取っておく）、常温に戻す。

3 フライパンにサラダ油を熱し、豚肉を入れて中火で片面を2分ほど焼く。

4 焼き色がついたら、ひっくり返して弱火で1〜2分焼き、器に盛る。

5 **4**のフライパンに**B**を入れ、しんなりするまで炒める。**2**のみそを加えて軽く炒め、**4**の器に盛る。

POINT

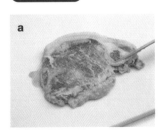

a

**焼くときは余分なみそを
取ると焦げずに焼ける**

豚肉を焼くときは、余分なみそをこそぎ取ることによって焦げずにきれいに焼くことができる。

「 豚ロース厚切り肉 」

箸で切れるやわらかさ

厚切りとんカツ

外はサクッと中はジューシーでやわらかなとんカツ。
余熱で火を通してさっと高温で二度揚げするのがおいしさの秘訣です。

材料 1人分

豚ロース厚切り肉…1枚 (150g)

A | 塩・こしょう…各適量
　　| 小麦粉…適量
　　| 溶き卵…1個分
　　| パン粉 (生パン粉)…適量

サラダ油…1ℓ

キャベツ…適量
　　→せん切りにする

青じそ…2枚
　　→せん切りにする

レモン…1/8個
　　→くし形切りにする

岩塩…適量

POINT

- 豚肉は常温に戻すことで、揚げ時間が短縮されてかたくなるのを防ぐ。

- 豚肉はいきなり170℃の高温で揚げるとかたくなってしまう。最初は150℃の低温でじっくり火を通し、最後に170℃の高温で揚げることで、外はサクサク、中はやわらかく仕上がる。

作り方

豚肉は常温に戻し、筋を断つように、1cm間隔で切り込みを入れる。

Point
豚肉を揚げたときの反り返りを防ぐことができる。

豚肉の全面に**A**を材料欄の順につける。

Point
小麦粉や溶き卵を満遍なくつけることで、衣がはがれるのを防ぎ、肉汁を閉じ込めることができる。

鍋にサラダ油を入れて150℃に熱し、豚肉を入れて3分ほど揚げる。取り出したら2〜3分休ませる。

Point
いきなり高温で揚げると肉がかたくなるので、最初は低温で揚げることで、やわらかく仕上がる。

サラダ油を170℃に熱し、豚肉を入れて1分ほど揚げる。きつね色になったら取り出して油をきる。器に盛り、キャベツ、青じそ、レモン、岩塩を添える。

Point
170℃の目安は、菜箸を入れると泡が勢いよく出てくる状態。

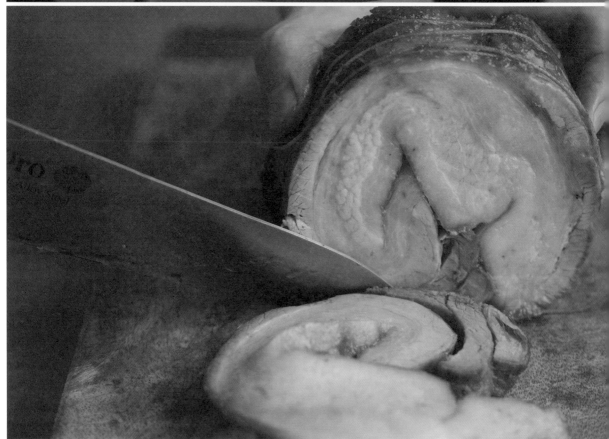

[豚バラかたまり肉（チャーシュー用）]

フライパンでできる

本格チャーシュー

香り豊かなやわらかチャーシューがご自宅で再現できます。
残った煮汁はスープにして余すところなく味わって。

材料 4人分

豚バラかたまり肉（チャーシュー用）
　…400〜500g

A｜長ねぎ（青い部分）…1本分
　　にんにく…1かけ
　　　→つぶす
　　しょうが…1かけ
　　　→薄切りにする
　　りんごの皮…1/2個分
　　八角（スターアニス）…さや1かけ分
　　水…1ℓ
　　酒…50㎖

B｜煮汁…100㎖
　　しょうゆ…50㎖
　　三温糖…大さじ2

◉ 煮汁でもう一品

中華スープ

C｜煮汁…400㎖
　　長ねぎ（白い部分）…1本分
　　　→輪切りにする
　　しょうが・中華スープの素（ペースト）
　　　…各小さじ2

別の鍋にCを入れて中火にかけ、沸騰するまで煮る。

作り方

1

鍋に豚肉を入れ、中火で全面に焼き色がつくまで焼く。

Point
油は入れず、豚肉から出た脂で焼いていく。

2

火を止めて鍋の余分な脂を拭き取り、Aを加えて沸騰させる。

Point
りんごの皮を入れることで、フルーティーな風味に仕上がる。

3

蓋をして弱火で1時間ほど煮る。ときどき豚肉をひっくり返し、アクを取り除く。火を止め、豚肉のみフライパンに移す（煮汁は取っておく）。

Point
極弱火で沸々した状態の火加減を保つことで、豚肉がやわらかく仕上がる。

4

3のフライパンにBを加え、弱火で10分ほど煮詰める。たれが煮詰まりすぎたら煮汁を加えて調整する。

Point
スプーンで豚肉にたれをかけながら煮ると、味がしみ込みやすくなる。

5

たれにとろみがついてきたら火を止め、豚肉を取り出して粗熱を取る。

Point
豚肉が熱いうちは切りにくいので、粗熱を取ってから切る。

[豚バラかたまり肉]

肉テロすぎて閲覧注意

豚の角煮

口に入れた瞬間にとろけるおいしさ。
ペーパータオルをかぶせて煮込めばしっとり仕上がります。

材料 3〜4人分

豚バラかたまり肉…600g

A | 長ねぎ（青い部分）…1本分
　| しょうが…1かけ
　| →薄切りにする

B | 煮汁（粗熱を取り、脂をこしたもの）・料理酒・
　| 　水…各200㎖
　| しょうゆ…大さじ5
　| 砂糖…大さじ4

ゆで卵…3個

長ねぎ（白い部分）…5㎝
　→白髪ねぎにする

練りからし…適宜

POINT

- ペーパータオルをかぶせることで、豚肉の表面を乾燥させない効果と弱火の沸々した状態を保つ効果がある。味つけの際も、ペーパータオルを使用するとムラなく味がしみ込む。

- 冷めたあとに白くかたまった脂をしっかり取り除くことで、重くなりすぎず、食べやすくなる。

- 角煮を作る際は、下ゆでする工程で臭みを消し、余分な脂を取る。味つけする工程にやわらかくして、味をしみ込ませる役割がある。これらをきちんと行うことで、おいしく仕上がる。

作り方

1 鍋にたっぷりの水（分量外）、A、豚肉（脂身側が下）を入れ、強火にかける。

Point
長ねぎ、しょうがと一緒に煮込むことで、豚肉の臭みを取り除く。

2 沸騰したら弱火にし、アクを取り除く。ペーパータオルをかぶせ、1時間〜1時間30分煮る。煮汁が減ったら水を足す。

Point
ペーパータオルをかぶせることで、豚肉の表面が乾くのを防ぐ。

3 豚肉を取り出し（煮汁は取っておく）、食べやすい大きさに切る。

Point
豚肉は崩れやすいので、切るときに注意する。

4 別の鍋に豚肉、Bを入れ、強火にかける。沸騰したら弱火にし、ペーパータオルをかぶせて1時間ほど煮込む。

Point
弱火で沸々した状態を保ち、じっくり煮込むのがポイント。

5 好みでゆで卵を加え、再度ペーパータオルをかぶせ、煮汁が好みの濃さになるまで煮込む。器に盛り、長ねぎをのせてからしを添える。

Point
一度冷まして食べるときに再加熱すると味がしみ込む。

[豚バラ薄切り肉]

常識を覆す

究極の豚汁

野菜の水分が溶け出たうま味たっぷりの煮汁が絶品。
弱火で煮込むことで豚肉がやわらかくなります。

材料　4人分

豚バラ薄切り肉…400g
　→適当な長さに切る

A | 白みそ…80g
　| だし汁（または水）…300㎖
　| 塩…小さじ1

B | 玉ねぎ…大3個（900g）
　　　→半分に切り、薄切りにする
　| にんじん…1/2本
　　　→いちょう切りにする
　| 長ねぎ（青い部分）…1本分
　　　→斜め切りにする
　| 木綿豆腐…1丁（350g）
　　　→好みの大きさに切る

C | 酒…50㎖
　| 長ねぎ（白い部分）…1本分
　　　→斜め切りにする
　| しょうゆ…大さじ1

七味唐辛子…適量

POINT

- 豚肉は脂の多い豚バラ肉を使うことで、煮込むときに脂の甘みが溶け出て煮汁にコクが出る。
- 最初から最後まで沸騰しすぎない火加減で煮込むことで、豚肉がかたくなるのを防ぎ、具材もやわらかくなる。
- 煮込む際に、蓋をしないと水分が蒸発してしまう。必ず蓋をすること。

作り方

鍋に**A**を入れ、中火にかける。混ぜ合わせてみそを溶かす。

Point
みそはダマにならないように、しっかり混ぜる。

豚肉を加え、軽く色が変わるまで煮てアクを取り除く。

Point
豚肉にみそをしっかり吸わせて下味をつける。

Bを材料欄の順に加え、蓋をして弱火で30分ほど煮込む。

Point
玉ねぎをたくさん入れ、ほぼ無水で煮込むこと。玉ねぎの甘みが引き立ち、うま味が濃くなる。

Cを加え、豆腐が崩れないように混ぜる。具材が好みのやわらかさになり、味がしみ込んだら火を止め、粗熱を取る。再加熱して器に盛り、七味唐辛子をふる。

Point
一度冷まして食べるときに再加熱すると味がしみ込む。

[豚バラ薄切り肉]

3つのポイントで簡単にプロの味

無水肉じゃが

豚肉のうま味をたっぷり吸った玉ねぎの甘みがしみ出る一品。
定番の肉じゃがを本格的なお店の味に仕上げます。

材料 4人分

豚バラ薄切り肉 … 400g
　→食べやすい大きさに切る

玉ねぎ … 1と1/2個
　→1cm幅のくし形切りにする

じゃがいも（男爵）… 3個
　→食べやすい大きさに切る

A｜にんじん … 1本
　　→乱切りにする

　　しらたき … 180g
　　→熱湯で2〜3分ゆでて冷水にとり、
　　　食べやすい大きさに切る

　　酒 … 90㎖

B｜しょうゆ … 大さじ4
　　砂糖 … 大さじ2

絹さや … 適量
ごま油 … 大さじ1

POINT

- 豚肉は煮込んでもかたくなりにくい豚バラ薄切り肉を使うのがベスト。脂身が溶け出してうま味と甘みになる。
- 男爵いもを使うことで、ホクホク食感になり味もしみやすい。
- 幅の広いフライパンを使うことで、具材を混ぜる回数が減る。焼き色もつけられて煮崩れ防止にもなる。
- 酒は鍋肌から加え、混ぜながら焦げを溶かすことで、うま味になる。
- たれは、酒3：しょうゆ2：砂糖1が黄金比。

作り方

フライパンにごま油を熱し、豚肉を入れて中火で焼き色がつくまで焼く。玉ねぎを加え、豚肉を玉ねぎの上に移動させる。

Point
豚肉のうま味と甘みを玉ねぎによく吸わせる。

じゃがいもを加え、焼き色がつくまで炒める。Aを加えて軽く混ぜたら、Bを加えて全体を混ぜ合わせる。蓋をして何度かかき混ぜながら弱火で20分ほど煮込む。

絹さやを加え、蓋をして2分ほど煮込む。

Point
絹さやは最後に加えることで、きれいな彩りと食感のよさを残した仕上がりになる。

[豚バラかたまり肉]

本場の味を再現する方法はこれ

悪魔のルーロー飯

台湾料理で人気の高いルーロー飯を手軽に作れるレシピをご紹介。
ポイントをおさえれば本場の味をご自宅でお楽しみいただけます。

材料 4人分

豚バラかたまり肉 … 400g
→短冊切りにする

エシャロット（または玉ねぎ）… 1/2個
→みじん切りにする

にんにく … 2かけ
→みじん切りにする

紹興酒 … 100㎖

A しょうが … 1かけ
→薄切りにする

八角（スターアニス）… 1個

水 … 200㎖

三温糖・しょうゆ・オイスターソース
… 各大さじ2

ゆで卵 … 4個

あたたかいごはん … 茶碗4杯分

サラダ油 … 大さじ3

チンゲン菜 … 適宜
→下ゆでし、好みの大きさに切る

POINT

- 八角が苦手な方は果実を割り、分量を減らして使う。細かく切ると取り出しづらいので、さや1かけ分などのかたまりのまま入れるのがおすすめ。

- 鍋肌に酒を入れ、鍋肌についている豚肉の焦げを取ることによってうま味になる。酒を入れるタイミングが重要。

- 豚バラ肉は長く煮込むととろとろになる部位だが、脂が多いので、透明な油滴になったり冷めて白くかたまっている脂は取り除く。

作り方

鍋にサラダ油を熱し、エシャロットを入れて中火で揚げ焼きにする。焼き色がついたらにんにくを加えて香りが出るまで炒める。

Point
香ばしく揚げ焼きにするのが本場流。にんにくは焦げると苦みが出るのであとから入れる。

豚肉を加え、焼き色がつくまで炒めて余分な脂を拭き取る。

Point
よく炒めて焼き色をつけることで、豚肉のうま味を閉じ込める。

紹興酒を加え、強火でアルコールが飛ぶまで炒める。

Point
鍋底の焦げをこそぎ取りながら炒めることで、うま味になる。

A、ゆで卵を加え、途中アクや、余分な脂を取りながら弱火で40分ほど煮込む。器にごはん、豚肉を盛り、半分に切ったゆで卵、好みでチンゲン菜をのせる。

Point
たれが煮詰まり、とろみがつくまで加熱することで、濃厚な仕上がりになる。

[豚バラ薄切り肉]

たっぷりの大根で煮込む究極の深みと甘み

豚バラみぞれ鍋

大根の水分をふんだんに使った身体にしみる鍋レシピ。
シンプルな具材だけど深みのあるスープはやみつきになります。

材料 4人分

豚バラ薄切り肉 … 400g
　→食べやすい大きさに切る

大根 … 2/3本
　→すりおろす

水 … 400mℓ

にんにく … 2かけ
　→つぶす

春菊 … 1束
　→茎と葉に分け、食べやすい大きさに切る

焼き豆腐 … 1丁（350g）

A しょうゆ … 大さじ1
　　塩 … 小さじ2〜3

作り方

1 鍋に大根、水、にんにく、豚肉を入れて火にかける。

2 沸騰したら春菊の茎を入れ、焼き豆腐を崩しながら加え、蓋をして弱火で20分ほど煮る。

3 全体に火が通ったら**A**、春菊の葉を加える。

POINT

- 大根の大きさによって塩の量は変わるので、味を見ながら調整する。

[豚バラ薄切り肉]

プロは○○する

激うま豚バラ キムチチャーハン

キムチチャーハンは食材を入れる順番が重要です。
しっかり水分を飛ばすことでおいしいチャーハンに仕上がります。

材料 1人分

豚バラ薄切り肉 … 100g
　　→食べやすい大きさに切る

塩・こしょう … 各少々

キムチ … 100g
　　→食べやすい大きさに切る

卵 … 1個

ごはん … 茶碗大盛り1杯分

小ねぎ … 1本
　　→小口切りにする

しょうゆ … 小さじ2

ごま油 … 大さじ1

白炒りごま … 適宜

韓国のり … 適宜

POINT

- 甘くてコクがあり、脂が出る豚バラ肉を使う。キムチとの相性もよく、おいしく仕上がる。

- キムチは汁ごと使う。しっかり炒めて水けを飛ばすとうま味になる。

- 小ねぎの代わりに、にらを使うとさらに香ばしくなるのでおすすめ。

作り方

フライパンにごま油を熱し、豚肉を入れて塩・こしょうをふり、中火で炒める。焼き色がついたらキムチを加え、水けを飛ばすように炒める。

Point
キムチの水けを飛ばすことで、味がぼやけるのを防ぐ。

卵を割り入れ、黄身をつぶしながら炒める。ごはんを加え、全体をよく混ぜながら炒める。ごはんに色がついたら小ねぎを加え、しょうゆを鍋肌から回し入れて混ぜ合わせる。器に盛り、白炒りごまをふって韓国のりをのせる。

Point
ごはんはダマをつぶしながら炒めることで、パラパラに仕上がる。

ARRANGE
MENU

飯テロ注意！

チーズに溺れる 鉄板キムチ チャーハン

たっぷりのチーズとチャーハンが
好相性。マグマのような見た目が
インパクト抜群です。

（**材料**）　1人分

豚バラキムチチャーハン（P62参照）
　　…茶碗1杯分
卵…1個
ピザ用チーズ…200g
サラダ油…小さじ1と小さじ2

（**作り方**）

1　フライパンにサラダ油小さじ1を
中火で熱し、油がなじんだら卵を
割り入れる。白身の部分がかた
まって黄身が好みのかたさになる
まで焼く。

Point
卵が焦げそうであれば弱火にする。

2　別のフライパンに残りのサラダ油
をひき、中央にチャーハン、その
周りにチーズを加えてチャーハン
の上に**1**の目玉焼きをのせる。中
火にかけ、チーズが溶けるまで加
熱する。

Point
チーズが焦げないように混ぜながら加
熱する。

［ 豚もも薄切り肉 ］

調理時間10分！

豚肉の野菜巻き

豚肉はしゃぶしゃぶ用を使うのがおすすめです。
野菜の長さを揃えることできれいな仕上がりになります。

（ 材料 ） 7本分

豚もも薄切り肉（しゃぶしゃぶ用）
　…200g
粗びき黒こしょう…適量
青じそ…7枚
にんじん…1/3本
　→せん切りにする
水菜…1束
　→にんじんと同じ長さに切る
A｜大根おろし…3〜4cm分
　｜ポン酢しょうゆ…大さじ3
　｜白炒りごま…適量

（ 作り方 ）

1 豚肉を1枚ずつ広げ、粗びき黒こ
しょうをふる。豚肉の端に青じそ1
枚、1/7量のにんじん、水菜を順に
のせたら豚肉で野菜を巻く。これ
を7個作る。

2 耐熱皿にのせ、ふんわりラップをか
けて500Wの電子レンジで5分加
熱する。器に盛り、混ぜ合わせた
Aをかける。

Point
大根おろしは軽く水けを絞ってから加える
と、味がぼやけない。

POINT

**野菜の長さを揃えると
きれいに仕上がる**

野菜は長さを揃えて切ると巻きやすくな
り、見た目もきれいに仕上がる。

PART 3

肉屋が教える肉料理

鶏肉編

鶏を1羽丸ごと使うレシピや、骨つき肉、骨のない部位など、各部位に合ったレシピを多数ご紹介します。臭みなく、おいしく食べるためのポイントをおさえてぜひ作ってみてください。

肉屋が教える

本書で使用した 鶏肉 の部位と特徴

PART OF MEAT | 丸鶏

内臓や頭などを取り除いた鶏1羽分のこと。パーティー料理などで丸ごと焼いてローストチキンにしたりするほか、捌いて使ってもよい。

a

牛肉や豚肉より脂肪が少なく、淡泊なのでどんな料理にもなじみやすい。
煮込むとかたくなるものがあるので部位に合う調理法をお試しください。

PART OF MEAT | 鶏もも肉

運動量が多い部位なので筋が多く、プリッとした
食感がある。程よい脂肪を含むので、ソテーやから
揚げにすればジューシーな仕上がりに。

PART OF MEAT | 鶏むね肉

脂肪が少なく、臭みがないのであっさり食べられる
部位。煮込むとかたくなるので、サラダチキンにして
しっとり食べるのがおすすめ。

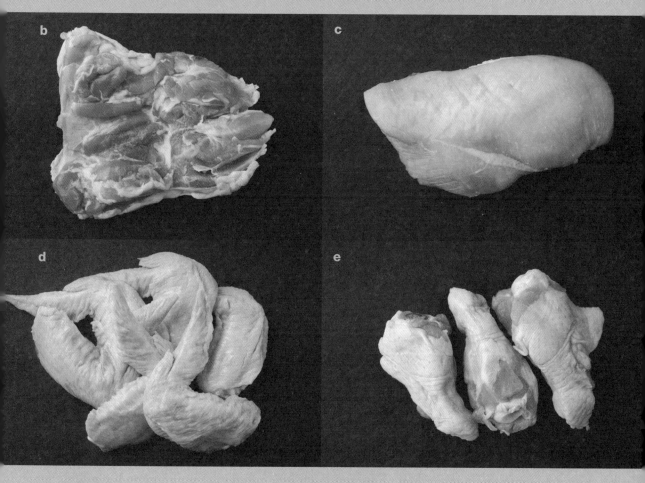

PART OF MEAT | 鶏手羽先

鶏の羽の先に位置する部位。皮にはゼラチン質と
脂肪が多く、うま味がある。から揚げにすればより
濃厚なコクを感じられる。

PART OF MEAT | 鶏手羽元

鶏の羽のつけ根に近い部位。運動量が多いので
脂肪が少なく、淡泊でやわらかい。煮込むことでよ
りやわらかくなり、骨からだしも出る。

[鶏もも肉]

肉屋直伝！ プロはこう焼く

基本のチキンソテー（トマトソース）

鶏肉は常温に戻してから焼くことが一番のポイント。
ジューシーでやわらかいソテーの作り方をご紹介します。

材料 1人分

鶏もも肉 … 1枚 (250g)

塩・こしょう … 各適量

にんにく … 1かけ
　　→みじん切りにする

カットトマト缶 … 1/2缶 (200㎖)

オリーブオイル … 大さじ1

イタリアンパセリ … 適量
　　→粗みじん切りにする

POINT

- 鶏肉は冷蔵庫から出して常温に戻しておくことで、焼いたときに身が縮まらず、かたくならない。
- 鶏肉をフライパンに入れてから火にかけることで、焦がさずに焼くことができる。
- 火加減は強火にせず、中火や弱火でじっくり焼くこと。
- 鶏肉の皮目から入れて、トングで押さえながら焼くことで、均一に火が通る。
- ひっくり返したら弱火でじっくりと焼くことで、皮はカリカリ、中はジューシーに仕上がる。

作り方

1

鶏肉は常温に戻し、ペーパータオルで水けを拭き取る。

Point
鶏肉から出る水けは臭みの原因になるので、必ずよく拭き取る。

2

鶏肉の筋や残骨、余分な皮を取り除く。

Point
丁寧な下処理をすることで、食べたときの口あたりがよくなる。

3

鶏肉の身が厚い部分に切り込みを入れて開き、厚さを揃える。1㎝間隔で切り込みを入れ、塩・こしょうをふる。

Point
全体の厚さを揃えて火の通りを均一にすることができる。

4

フライパンにオリーブオイルをひき、鶏肉の皮目を下にして入れる。中火にかけ、鶏肉をトングで押さえながら4分ほど焼く。

Point
トングを押しあて、平たく伸ばすように焼くことで、反り返りを防ぐことができる。

5

フライパンの余分な脂をペーパータオルで拭き取る。焼き色がついたらひっくり返し、弱火で5〜6分焼いて器に盛る。

Point
脂を拭き取ることで、鶏肉の臭みを取り除くことができる。

6

5のフライパンににんにくを入れ、香りが出たらトマト缶を加える。中火で5分ほど混ぜ、塩、こしょうを加える。鶏肉にかけ、パセリを散らす。

Point
煮詰める目安は、鍋底からかき混ぜたときに、ソースの形が崩れずにかたまる程度（写真参照）。

[鶏もも肉]

これ以上のレシピはないです

背徳の照り焼きチキン

鶏肉にとろみのある甘じょっぱいたれをかけながら焼くのがコツ。
たれが鶏肉にしっかりなじんだ究極の背徳レシピです。

材料　1人分

鶏もも肉… 1枚（250g）
A | 酒… 大さじ2
　　 | 砂糖・しょうゆ・みりん・
　　 | めんつゆ（3倍濃縮）
　　 | 　…各大さじ1
　　 | 酢… 小さじ1
しし唐辛子… 4本
　→実に切り込みを入れる
サラダ油… 大さじ1
白炒りごま… 適量

作り方

1 鶏肉は常温に戻し、ペーパータオルで水けを
拭き取る。

2 鶏肉の筋や残骨、余分な皮を取り除く。鶏
肉の身が厚い部分に切り込みを入れて開き、
厚さを揃え、1cm間隔で切り込みを入れる。

3 フライパンにサラダ油をひき、鶏肉の皮目を
下にして入れる。中火にかけ、トングで鶏肉
を押さえながら4分ほど焼く。

4 フライパンの余分な脂をペーパータオルで拭
き取る。皮目に焼き色がついたらひっくり返
し、弱火で5〜6分焼いて**A**、しし唐辛子を
加える。**鶏肉にたれを絡めながらとろみがつ
くまで焼く（a）。**

5 鶏肉に火が通ったら器に盛る。フライパンに
残ったたれをかけ、しし唐辛子を添えて白炒
りごまをふる。

POINT

**鶏肉にたれをかけながら
焼くことでたれがなじむ**

鶏肉にスプーンでたれをかけて絡めな
がら焼くことで、全体にたれが行き渡
り、味がなじむ。

ARRANGE MENU

[鶏もも肉]

ハーブとにんにくのうま味爆発

ハーブチキン

ハーブをたっぷり使って鶏肉に絡めて。
にんにくの香りも効いて食欲をそそる一品です。

材料 1人分

鶏もも肉 … 1枚（250g）

A にんにく … 1かけ
→みじん切りにする

バジル … 6g
→みじん切りにする

イタリアンパセリ … 5g
→みじん切りにする

オリーブオイル … 小さじ2

塩 … 小さじ1/2

じゃがいも … 1個
→皮つきのまま1cm幅の
輪切りにする

オリーブオイル … 大さじ1

作り方

1. 鶏肉は常温に戻し、ペーパータオルで水けを拭き取る。

2. 鶏肉の筋や残骨、余分な皮を取り除く。鶏肉の身が厚い部分に切り込みを入れて開き、厚さを揃え、1cm間隔で切り込みを入れて塩をふる。**A**は混ぜ合わせておく。

3. フライパンにオリーブオイルをひき、鶏肉の皮目を下にして入れる。弱めの中火にかけ、鶏肉をトングで押さえながら4分ほど焼く。

4. フライパンの空いているスペースにじゃがいもを加える。焼き色がついたら鶏肉、じゃがいもをひっくり返し、フライパンの余分な脂をペーパータオルで拭き取る。

5. 弱火で5〜6分焼き、**A**を加えて(**a**)軽く炒め、香りが出たら鶏肉、じゃがいもに絡める。器に盛り、好みで粗びき黒こしょう、バルサミコ酢をかけても◎。

POINT

**香りが出てきたら
火が通った証拠**

にんにく、ハーブを加えて加熱し、しっかり香りが出てきたら全体に火が通った証拠。

073

FRIED CHICKEN

[鶏もも肉]

肉屋のから揚げを家庭で再現

若鶏のから揚げ

コツをおさえておけば、ジューシーでやわらか、
究極のから揚げが自宅で味わえます。

（材料）2人分

鶏もも肉… 1枚（300g）

塩・こしょう… 各少々

A ｜ 薄口しょうゆ… 大さじ2〜3
　｜ すりおろししょうが・酒・ごま油
　｜ 　　… 各小さじ1
　｜ すりおろしにんにく… 小さじ1/2

片栗粉… 適量

サラダ油… 1ℓ

ARRANGE MENU

作り方

1 鶏肉の筋や残骨、余分な皮を取り除く。食べやすい大きさに切り、塩、こしょうをふる。

2 ボウルに**A**を入れて混ぜ合わせる。鶏肉を加えて揉み込み、冷蔵庫で半日〜一晩漬ける。

3 鶏肉を常温に戻して、**片栗粉を満遍なく薄くまぶして形を整える（a）**。

4 鍋にサラダ油を入れて150℃に熱し、鶏肉を入れて1分30秒ほど揚げる。取り出して4分ほど休ませる。

5 サラダ油を170℃に熱し、鶏肉を入れて1分ほど揚げる（b）。

POINT

鶏肉は皮を外側に丸めて形を整える

鶏肉は片栗粉をまぶしたあと、皮が外側にくるように丸めてから揚げると、外はサクッと、中はジューシーに仕上がる。

**二度揚げすることで
やわらかく仕上がる**

鶏肉は低温で揚げ、休ませると余熱で中まで火が通る。そこから高温でさっと二度揚げすることによって、高温で揚げる時間が短くなり、やわらかく仕上がる。

レモンでさっぱりから揚げアレンジ

若鶏のレモンあえ

基本のから揚げをアレンジして
さっぱりいただくのもおすすめです。

材料　2人分

若鶏のから揚げ（左ページ参照）… 200g

A ｜ 砂糖・みりん … 各大さじ1/2

B ｜ しょうゆ … 大さじ1
｜ レモン … 1/4個
｜ 　→果汁を搾り、搾った実はいちょう切りにする

イタリアンパセリ … 適量
　→粗みじん切りにする

作り方

1 鍋に**A**を入れて極弱火にかけ、沸騰したら火を止める。

2 **B**、から揚げを加え、混ぜ合わせて器に盛り、パセリを散らす。

[鶏もも肉]

悪魔的おいしさ

揚げずに本場のヤンニョムチキン

大人気の韓国料理をご自宅でお手軽に。
余分な脂を拭き取れば脂っこくなりすぎずに仕上がります。

材料 2人分

鶏もも肉… 1枚（300g）
　　→食べやすい大きさに切る

塩・こしょう … 各適量

片栗粉 … 適量

A コチュジャン・トマトケチャップ・
　　はちみつ … 各大さじ1
　　砂糖・しょうゆ … 各大さじ1/2
　　すりおろしにんにく … 小さじ1
　　一味唐辛子・ごま油 … 各小さじ1

サラダ油 … 大さじ3

レタス … 適量
　　→好みの大きさにちぎる

白炒りごま … 適量

糸唐辛子 … 適量

作り方

1 鶏肉に塩、こしょうをふり、片栗粉を満遍なくまぶす。

2 フライパンにサラダ油を熱し、鶏肉を入れて中火で焼き色がつくまで両面焼く。**余分な脂はペーパータオルで拭き取る(a)**。取り出してペーパータオルにのせ、油をきる。

3 **2**のフライパンに混ぜ合わせた**A**を入れ、軽く加熱する。鶏肉を加え、たれにとろみがつくまで絡める。

4 レタスをのせた器に盛り、白炒りごまをふって糸唐辛子をのせる。

POINT

**ひっくり返すと油がはねるので
余分な脂は拭き取ること**

余分な脂をしっかり拭き取ると、鶏肉をひっくり返したときに油がはねない。

[鶏手羽先]

お酒のお供にも

手羽先の甘から揚げ

火加減は弱火を保つことで焦がさずにたれを絡めることができます。
仕上げに散らす白炒りごまと青のりもよいアクセントに。

材料　2人分

鶏手羽先…6本

片栗粉…適量

A しょうゆ…50㎖

砂糖…50g

すりおろしにんにく…少々

サラダ油…適量

白炒りごま・青のり…各適量

作り方

1 手羽先に片栗粉を満遍なくまぶす。

2 フライパンに底から3㎝までサラダ油を入れて160〜170℃に熱し、手羽先を入れて6〜7分揚げる。

3 別のフライパンに**A**を入れて中火にかけ、沸騰したら弱火にし、3分ほど煮詰める。

4 **熱いうちに手羽先を3に加えてとろみが出るまで絡める（a）**。器に盛り、白炒りごま・青のりを散らす。

POINT

**たれが沸騰しすぎて
焦げないように弱火をキープする**

たれが沸騰しすぎると焦げて苦みが出るので、火加減は弱火を保つ。

077

[鶏もも肉]

たった2つのスパイスで作れる

本格レモンチキンカレー

カレーをスパイスから作りたい方必見。
自分好みの辛さに調整しながら簡単にできるスパイスカレーをご紹介。

材料 4人分

鶏もも肉 … 2枚（500g）
　　→食べやすい大きさに切る

塩・こしょう … 各適量

A | クミンシード … 小さじ1
　　| 鷹の爪 … 1本
　　| にんにく … 2かけ
　　　→みじん切りにする
　　| すりおろししょうが … 大さじ1

玉ねぎ … 1個
　　→みじん切りにする

トマト … 1個
　　→細かく切る

B | コリアンダーパウダー … 小さじ2
　　| 塩 … 小さじ1

水 … 500㎖

じゃがいも … 1個
　　→皮つきのままくし形切りにする

はちみつ … 大さじ1

レモン … 1個
　　→薄切りにする

サラダ油 … 大さじ2

イタリアンパセリ … 適宜
　　→みじん切りにする

POINT

- スパイスや香味野菜はしっかり炒めて香りを引き出す。
- トマトや鍋に加えた水をしっかり煮詰めることで、コクと深みが出る。

作り方

1 鶏肉に塩、こしょうをふり、揉み込む。鍋にサラダ油、**A**を入れ、弱火で香りが出るまで炒める。

Point
焦げないようにじっくり炒めることで、香りを引き出す。

2 玉ねぎを加えて強火にし、濃いあめ色になるまで10分ほど炒める。途中水分がなくなったら水（分量外）を足す。

Point
玉ねぎは強火で炒めて焼き色をつけることで、長時間炒めたようなコクを出すことができる。

3 トマトを加え、水けがなくなるまでつぶしながら炒める。

Point
トマトは水けがなくなるまで炒めることで、甘みが出る。

4 火を止め、**B**を加えてよく混ぜる。鶏肉、水を加えて強火にかけ、沸騰したら弱火にし、20分ほど煮込む。

Point
途中かき混ぜながら、沸々した状態の火加減を保つ。

5 じゃがいも、はちみつ、レモンを加え、弱火で20分ほど煮込む。好みでパセリを加える。

Point
味が薄ければ塩、辛ければはちみつを追加して調整。一晩おくと、さらに深みとコクが出ておいしくなる。

[鶏もも肉]

絶品ふわとろ

親子丼

鶏肉の皮を焼くことで香ばしさがアップ。
ふんわり、とろとろ卵の親子丼を召し上がれ。

材料 2人分

鶏もも肉 … 1枚 (250g)

A ┃ 玉ねぎ … 1/2個
┃　　→1cm幅のくし形切りにする
┃ だし汁 … 80ml
┃ みりん … 大さじ4
┃ しょうゆ … 大さじ2

溶き卵 … 4個分

あたたかいごはん … 丼2杯分

サラダ油 … 大さじ1

三つ葉 … 適量
　　→茎から2cm幅に切る

POINT

- 鶏肉の皮目を焼くことで、うま味を閉じ込めて香ばしさも加わる。皮の食感が苦手な人にもおすすめ。
- 溶き卵を2回に分けて加えることで、ふんわり、とろ〜り食感を楽しめる。

作り方

鶏肉の身が厚い部分に切り込みを入れて開き、厚さを揃える。1cm間隔で切り込みを入れる。

Point
鶏肉に切り込みを入れることで、火が通りやすく、味もしみ込みやすくなる。

フライパンにサラダ油をひき、鶏肉の皮目を下にして入れる。強火にかけ、焼き色がつくまで両面焼く。食べやすい大きさに切る。

Point
鶏肉を強火で焼くのはうま味を閉じ込めるためなので、中まで火を通さなくてOK。

鍋に**A**を入れて中火にかけ、玉ねぎがしんなりするまで1〜2分加熱する。鶏肉を加えて弱火にし、3分ほど煮込む。

Point
鶏肉にしっかり煮汁を吸わせ、味をしみ込ませながら加熱する。

半量の溶き卵を加えて全体を軽く混ぜる。残りの溶き卵を加え、蓋をして弱火で1分ほど煮る。あたたかいごはんを盛った器にかけ、三つ葉をのせる。好みで七味唐辛子や粉山椒をふっても◎。

[鶏むね肉]

完全保存版！ やわらかジューシー

サラダチキン

パサつきがちな鶏むね肉は、絶妙な火入れでやわらかくジューシーに。
誰でも簡単においしいサラダチキンが作れます。

材料 1〜2人分

鶏むね肉 … 1枚（300〜400g）

A 砂糖 … 大さじ1/2
　 塩 … 小さじ1

B レモン汁 … 大さじ1
　 顆粒鶏がらスープの素 … 大さじ1/2

水 … 1ℓ

キャロットラペ（P124参照）… 適量

粗びき黒こしょう … 適量

オリーブオイル … 適量

POINT

- 鶏肉は常温に戻すことで、中まで火が通りやすくなる。むだな加熱も防げるのでかたくなりにくい（常温に戻す時間の目安は、夏は30分、冬は1時間）。
- 鶏肉に熱を入れるときは、たっぷりの湯を使う。温度が下がりにくくなり、温度管理がしやすくなる。
- レモン汁を入れることで、保水性が保たれる。鶏肉の水分が閉じ込められるので、ジューシーに仕上がる。

作り方

鶏肉は常温に戻し、フォークで両面に数か所に穴を開ける。Aをふり、揉み込む。

Point
鶏肉にフォークで穴を開けて繊維を断つことで、やわらかくなり味がしみ込みやすくなる。

耐熱性の保存袋に鶏肉、Bを入れてよく揉み込む。空気を抜いて密閉し、冷蔵庫で一晩おく。

Point
冷蔵庫で一晩おくことで、中まで味がよくしみ込む。

鶏肉を常温に戻す。鍋に水を入れて火にかけ、沸騰したら火を止める。鶏肉を保存袋のまま鍋に入れ、蓋をして1時間ほどおく。鍋から取り出し、粗熱が取れたら冷蔵庫で冷やす。薄切りにして器に盛り、キャロットラペを添える。鶏肉に粗びき黒こしょうをふり、オリーブオイルをかける。

[鶏手羽元]

調味料は塩だけ！ うま味を濃縮した

無水ポトフ

コンソメや鶏がらスープは使わず、調味料は塩のみ。
鶏肉や野菜本来のおいしさがしみ出てほっとする味わいです。

(材料) 3〜4人分

鶏手羽元…6本

A | 玉ねぎ…2個
→4等分のくし形切りにする

にんじん…1本
→半分の長さに切り、縦4等分に切る

キャベツ…1/4個
→半分に切る

塩 … 小さじ1

ウインナーソーセージ…10本

オリーブオイル … 大さじ2

POINT

- 無水が心配な場合は、鍋底を確認しながらかき混ぜたり、料理酒（100㎖）を入れてもよい。
- 弱火で煮込むことで、野菜からたっぷり水分が出て、焦がさずに煮ることができる。
- 好みの野菜を使ってもよいが、玉ねぎは水分や甘み、うま味を豊富に含んでいるため、必ず入れるのがポイント。鍋の半分以上は野菜で埋めるのがおすすめ。

(作り方)

手羽元に塩（分量外）をふり、揉み込む。鍋に手羽元、オリーブオイルを入れ、中火で全面に焼き色がつくまで焼き、取り出す。

Point
手羽元を先に焼くことで、香ばしさが加わり、おいしさがさらにアップする。

1の鍋にAを材料欄の順に入れ、塩をふる。

Point
野菜に塩をふることで、浸透圧で野菜から水分が出やすくなる。

ウインナー、手羽元を入れて蓋をする。中火にかけ、蒸気が出たら弱火にし、40分ほど煮込む。

Point
一度冷まして食べるときに再加熱すると味がしみ込む。

[鶏手羽元]

市販のルウに戻れなくなるので注意

唸るうまさ
超濃厚チキンシチュー

濃厚すぎるシチューで市販のルウには戻れなくなるおいしさ。
かぼちゃを加えることで甘みがより引き立ちます。

（材料） 4人分

鶏手羽元 … 800g

A マッシュルーム … 20個
　　　→4等分に切る
　　にんにく … 2かけ
　　　→つぶす

白ワイン … 200ml

生クリーム … 600ml

ローリエ … 1枚

かぼちゃ … 200g
　　→種とワタを取り除き、食べやすい大きさに切る

牛乳 … 100〜200ml

塩 … 小さじ1

こしょう … 適量

オリーブオイル … 大さじ3

バター … 20g

POINT

- 食材にしっかり焼き色をつけることで、驚くほどのコクと深みが出る。
- 生クリームをたっぷり使うことで、市販のルウよりもさらに濃厚でおいしく仕上がる。
- 素材の味を活かしたシンプルな味つけなので、鶏肉の臭み取りや、丁寧なアク取りが重要。
- 塩の量は具材や牛乳の量によって変わるので、最後に味見をして調節する。

（作り方）

1 フライパンにオリーブオイルをひき、手羽元を入れる。強火で全面に焼き色がつくまで焼き、鍋に移す。

Point
手羽元は臭みを取るために焼くので、中まで火を通さなくてOK。

2 1のフライパンの余分な脂を拭き取り、バターを入れて火にかける。溶けたら**A**を加えて中火で3分ほど炒める。

Point
バターやにんにくの香り、手羽元の脂をマッシュルームによく吸わせることが、うま味を最大にするポイント。

3 白ワインを加え、強火で半量になるまで煮詰める。

Point
鍋肌についている焦げをこそぎ取るように煮詰めることで、さらにうま味を濃厚に。

4 1の鍋に3、生クリームを加え、沸騰したらローリエを加える。アクを取り除いてかぼちゃを加え、弱火で20〜30分ほど煮込む。塩、こしょうで味をととのえる。

Point
途中で水分が減ったら、牛乳を加えて具材が隠れる状態を保つ。

[丸鶏]

本当は教えたくない、家で作れる

丸鶏のローストチキン

丸鶏は下処理をしているものを選ぶとそのまま使えます。
パーティーやクリスマスに作ればみんなに喜ばれること間違いなし。

材料　2〜4人分

丸鶏（下処理済み）… 1羽（1.2kg）

塩… 大さじ1

こしょう… 適量

A ┌ しょうゆ… 50mℓ
　　│ 粒マスタード… 小さじ1
　　│ すりおろしにんにく… 大さじ1/2
　　│ はちみつ… 大さじ2と1/2
　　└ ローズマリー… 2本

オリーブオイル… 適量

好みの野菜（写真はミニトマト・玉ねぎ・にんじん）
　　… 適量

POINT

- 丸鶏は冷凍したものを解凍しているため、ピンク色のドリップが多く出る。その水けをしっかり拭き取ることで、臭みを取り、味がぼやけるのを防ぐことができる。

- 丸鶏は常温に戻しておかないと、中まで火が通らないので注意。

- 焼いたときに出る肉汁や、余ったたれをかけることで照りが出る。また、肉汁と合わせたたれはおいしいソースになるので、かけながら食べるのがおすすめ。

- 焼き時間は目安なので、オーブンや鶏肉の大きさによって調整しながら焼く。

（ その日のうちに仕上げる場合 ）

- **1**で丸鶏全体にフォークで穴を開けると、味がしみ込みやすくなる。

- 保存袋に入れて2〜3時間ほど漬ける。頻繁にひっくり返しながらたれを揉み込む。

- 焼くときは余ったたれを2〜3回に分けて全て使う。

作り方

丸鶏はペーパータオルで水けを拭き取り、塩、こしょうをふって全面に揉み込む。

Point

丸鶏の水けを拭き取ることで、臭みを取り、味がぼやけるのを防ぐことができる。

丸鶏をジッパーつき保存袋に入れ、混ぜ合わせた**A**を加えてなじませる。空気を抜いて密閉し、冷蔵庫で1〜2日漬ける。

Point

水につけながら空気を抜くと、水圧でしっかり密閉される。密閉することで、傷みにくく、味もしみ込みやすくなる。

丸鶏は焼く1時間ほど前に冷蔵庫から出し、常温に戻す（たれは取っておく）。オーブンシートを敷いた天板にのせ、オリーブオイルを満遍なく塗る。

丸鶏の周りに好みの野菜をおき、焦げやすい丸鶏の手足にアルミホイルを巻く。180℃に予熱したオーブンで40〜60分焼く。途中で肉汁や、余ったたれをかけて焼き色をつける。

Point

丸鶏から出た肉汁や、余ったたれをかけながら焼くことで、皮がパリッと仕上がる。

PART 1

肉屋が教える肉料理
ひき肉編

本格的なひき肉料理を和食や洋食、中華などその日の気分に合わせて作ってみてください。コラムではパンチェッタのカルボナーラをご紹介。濃厚なパスタをご堪能ください。

肉屋が教える

本書で使用した ひき肉 & 内臓・その他 の特徴

ひき肉

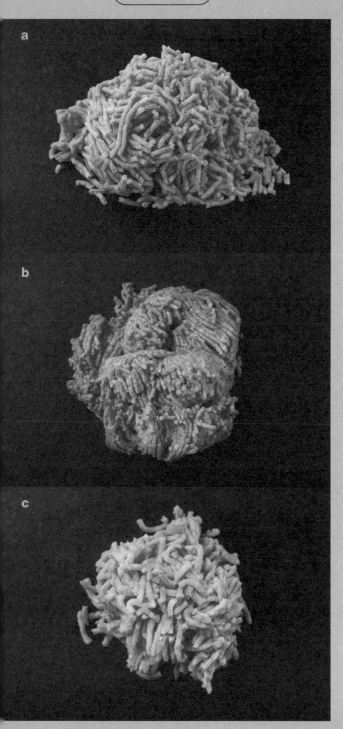

PART OF MEAT | 合いびき肉

牛肉と豚肉を合わせてひいたもので、それぞれが持つ甘みやうま味が混ざりコク深くなる。ハンバーグや肉詰めにおすすめ。

PART OF MEAT | 牛ひき肉

牛のももや肩すね肉などを混ぜてひいたもので、メンチカツやハンバーグにすることで牛肉の香りがより引き立つ。

PART OF MEAT | 豚ひき肉

豚の肩バラやすね肉などを混ぜてひいたもので、脂身が多く、やわらかくてまろやかなので中華料理や洋食によく合う。

MEMO

ひき肉は肉屋に行って買うべし!

ひき肉はどんな肉を使っているか見極めにくいので良質な肉を取り扱っている肉屋で買うのが鉄則!当店では注文を受けてからひくので鮮度が違います。

ひき肉は赤身と脂身の比率によってコクが変わるので用途に合わせて選んで。
内臓やすじを調理する際は、下処理をきちんと行うことがおいしくするコツ。

内臓・その他

PART OF
MEAT | 牛すじ

主にアキレス腱のことで、かたく筋張っている部位。
特有の臭みがあってかたいが、適切な下処理をし
て長時間煮込むことでやわらかくする。

PART OF
MEAT | 豚白もつ

豚肉の内臓で胃や腸の白い部位。脂身が多く、濃
厚な味わいなので煮込みや鍋などで食べると脂が
溶けてうま味が出る。

PART OF
MEAT | 鶏レバー

鶏の肝臓のことで、きめ細かくてやわらかい部位。
煮物や串焼きにすると独特の香りとコクを楽しむこ
とができる。

MEMO

内臓は鮮度が一番です

内臓は傷みやすいので、変色していたり嫌なにおい
のあるものは新鮮ではない証拠。信頼できる店で
色つやがよく、ハリのあるものを選びましょう。

[合いびき肉]

YouTube100万回再生の超人気レシピ

煮込みハンバーグ

試行錯誤して完成させた究極の煮込みハンバーグ。
お店以上の味に仕上げるヒントを詰め込んでいます。

材料　2人分

合いびき肉… 300g

玉ねぎ… 1/2個

　→みじん切りにする

A │ 卵… 1個
　│ ドライパン粉… 大さじ3
　│ ナツメグ… 小さじ1
　│ 塩… 3g（肉の重さに対して1%）
　│ こしょう… 少々

赤ワイン… 100㎖

B │ デミグラスソース缶… 1缶（290g）
　│ バター… 20g
　│ 生クリーム… 100㎖
　│ ウスターソース・トマトケチャップ
　│ 　… 各大さじ1
　│ 砂糖… 小さじ2

ピザ用チーズ… 適量

オリーブオイル… 大さじ3と小さじ2

ブロッコリー… 適量

　→小房に分け、ゆでる

生クリーム… 適量

POINT

- 玉ねぎはフライパンや電子レンジで加熱すると角が取れ、ひき肉とよく混ざる。
- 肉だねが水っぽいときはパン粉を少し増やし、逆にパサつくときはオリーブオイルを少量加える。
- 小判形に成形するときは、中の空気を抜くように、手の平に叩きつけながらこねる。
- 赤ワインはひき肉のうま味をこそぎ取る役割があるので、必ずソースを加える前に入れる。

作り方

1 フライパンにオリーブオイル小さじ2を中火で熱し、玉ねぎを入れてあめ色になるまで炒め、粗熱を取る。ボウルにひき肉、**A**、玉ねぎを入れ、粘りが出るまでよくこねる。濃いピンク色になったら、2等分にして小判形に成形する。

Point
粘りが出るまでこねること。形が崩れず、肉汁を閉じ込めてくれる。

2 フライパンに残りのオリーブオイル、肉だねを入れて中火にかけ、焼き色がつくまで両面2分ずつ焼く。

Point
このあと煮込むので、中まで火を通す必要はない。

3 赤ワインを加えて沸騰させる。**B**を加え、蓋をして弱火で10分ほど煮込む。チーズをハンバーグの上にのせ、ブロッコリーを加えて蓋をし、1分ほど煮込んだら仕上げに生クリームをかける。

[合いびき肉]

作らないと人生損するほどうまい

ピーマンの肉詰め

ケチャップソースではない絶品のたれで作るピーマンの肉詰めレシピ。
ピーマンはワタを残すことで肉だねをしっかりキャッチしてくれます。

材料 3〜4人分

合いびき肉 … 250g

A ┃ 玉ねぎ … 1/2個
　　　→みじん切りにする
　┃ 卵 … 1個
　┃ 小麦粉 … 大さじ1
　┃ 塩 … 小さじ1/2弱
　┃ こしょう … 少々

ピーマン … 4個

水 … 大さじ4

B ┃ 酒 … 大さじ2
　┃ しょうゆ・みりん・オイスターソース
　┃ 　… 各大さじ1
　┃ 砂糖 … 小さじ2

ごま油 … 大さじ1

白炒りごま … 適量

POINT

・ 火をつける前に肉だねを下にして並べる
　と、肉が急に縮むのを防ぐことができる。

作り方

ボウルにひき肉、**A**を入れ、粘りが出るまでよくこねる。

Point
ひき肉は調理の直前まで冷蔵庫で冷やしておくことで、こねたときにしっかり結着して肉汁を閉じ込めてくれる。

ピーマンは縦半分に切り、ヘタと種を取る。白いワタは残しておく。

Point
ピーマンは白いワタを残しておくと、肉だねとくっつきやすくなり、はがれにくくなる。

ピーマンに肉だねを少し盛り上がる程度に詰める。

Point
肉だねを盛り上がる程度に詰めることで、香ばしい焼き色がつき、見た目もおいしそうに仕上がる。

フライパンにごま油をひき、**3**を肉だねが下になるように並べ、中火にかける。焼き色がついたらひっくり返し、水を加えて蓋をする。弱火にし、5〜6分蒸し焼きにする。

混ぜ合わせた**B**を加えてアルコールが飛ぶまで煮詰める。器に盛り、たれをかけて白炒りごまをふる。

Point
たれにとろみと照りが出るまでしっかり煮詰める。

[合いびき肉]

家庭でできる

簡単本格タコライス

タコスの具材をごはんにのせた沖縄料理です。
ひき肉とスパイスを合わせた本格的な味を再現しました。

(**材料**) 2人分

合いびき肉 … 300g

にんにく … 1かけ
　　→みじん切りにする

玉ねぎ … 1個
　　→みじん切りにする

塩・こしょう … 各適量

A｜トマトケチャップ … 大さじ2
　｜ウスターソース … 大さじ1
　｜*チリパウダー … 小さじ1〜2
　｜*クミンパウダー … 小さじ1

あたたかいごはん … 茶碗2杯分

B｜レタス … 2枚
　｜　→粗切りにする
　｜トマト … 1個
　｜　→角切りにする
　｜アボカド … 1個
　｜　→種を取り除き、角切りにする
　｜トルティーヤチップス … 適量
　｜ピザ用チーズ … 30g

ライム（またはレモン）… 1個
　　→半分に切る

オリーブオイル … 大さじ1

*チリパウダー、クミンパウダーはカレー粉大さじ1で代用可

(**作り方**)

1 フライパンにオリーブオイルを弱火で熱し、にんにく、玉ねぎを入れて透明になるまで炒める。

2 玉ねぎを端に寄せ、ひき肉、塩、こしょうを加えて中火にする。ひき肉を焼き色がつくまで炒め、玉ねぎと合わせて全体を混ぜたら、Aを加えて混ぜ合わせる(a)。

3 器にあたたかいごはんを盛り、2、Bを順にのせてライムを搾る。

POINT

**ひき肉の脂を玉ねぎに吸わせ、
スパイスをよく炒める**

ひき肉を炒めるとおいしい脂が出るので、玉ねぎによく吸わせながら炒めること。スパイス類はしっかり炒めることで、香りが出ておいしく仕上がる。

[和牛ひき肉]

行列ができる肉屋の

和牛の爆弾メンチカツ

肉屋の看板商品「爆弾メンチカツ」をご紹介。
子どもから大人までみんなが喜ぶレシピです。

材料 2〜3人分

和牛ひき肉(または合いびき肉)… 300g

玉ねぎ … 1個
→ 1/2個をみじん切りにし、
残りは粗みじん切りにする

A 塩 … 3g(肉の重さに対して1%)
ナツメグ … 少々
カレー粉 … ひとつまみ
こしょう … 適量

スライスチーズ … 5枚
→ 3cm四方に折りたたむ

B 小麦粉 … 適量
溶き卵 … 1個分
パン粉 … 適量

オリーブオイル … 小さじ1

サラダ油 … 1ℓ

キャベツ … 適量
→ せん切りにする

POINT

- 肉に塩を加えて粘りが出るまでこねること
で、たんぱく質が壊れて肉だねが密着しや
すくなり、肉汁やうま味を閉じ込めてくれる。

- 低温で揚げてから余熱で火を通すことで、
中までゆっくり火が通る。そこから高温で
二度揚げすることで、外はサクサク、中は
ジューシーに仕上がる。

作り方

フライパンにオリーブオイルを熱
し、みじん切りにした方の玉ね
ぎを入れて弱火であめ色になる
まで炒める。

Point
甘さとコクを出すために炒めた玉ねぎ
と、食感を楽しむために粗みじん切り
にした玉ねぎの2種類を用意する。

ボウルにひき肉、**A**を入れ、粘
りが出るまでよくこねる。**1**の炒
め玉ねぎと生の玉ねぎを加えて
さらにこねる。

Point
濃いピンク色になるまで、すばやく混
ぜるのがコツ。

5等分にし、肉だね1個分を手
にのせ、チーズを中心において
丸く成形する。これを5個作る。

Point
火が通りにくい中までチーズを入れる
ことで、中まで火が通りやすくなる。

肉だねに**B**を材料欄の順につ
ける。鍋にサラダ油を入れて
150℃に熱し、衣をつけた肉だ
ねを入れて5分ほど揚げる。

Point
火が通るまでに時間がかかるので、ま
ずは低温でじっくり揚げる。きつね色
になっていなくてもよい。

取り出して5分ほど休ませる。
サラダ油を170℃に熱し、**4**を
入れて1分ほど揚げる。器に盛
り、キャベツを添える。

[豚ひき肉]

初心者でも絶対に失敗しない

餃子

ご家庭でよく作られる餃子ですが焦がしてしまうという方も多いのでは…？
焼く手順を気をつけるだけで絶対に失敗しないおいしい餃子に。

材料 25個分

豚ひき肉 … 200g

塩 … 少々

A すりおろししょうが・すりおろしにんにく
　　　… 各1かけ
酒 … 大さじ1
しょうゆ・オイスターソース
　　　… 各小さじ1
こしょう … 適量

B 長ねぎ … 1/3本
　　　→みじん切りにする
キャベツ … 150g
　　　→みじん切りにする

餃子の皮 … 25枚

熱湯 … 餃子が1/3つかる量

サラダ油 … 大さじ2

ごま油 … 大さじ1

酢・こしょう … 各適量

POINT

- 餃子は蒸してから焼くが正解。焦げる失敗を防ぐことができ、サクサク、ジューシーに仕上がる。

作り方

ボウルにひき肉、塩を入れて白くなり粘りが出るまでこねる。

Point
塩を加えてしっかりこねることで、ジューシーに仕上がる。

Aを加えてよく混ぜ、**B**を加えたら軽く全体を混ぜ合わせる。

Point
野菜は混ぜすぎると水分が出るため、肉だねと調味料を混ぜ合わせたあとに加えて軽く混ぜる。

餃子の皮の中央にあんをのせ、4か所くらいにひだを作って包む。これを25個作る。フライパンに餃子を並べて中火にかけ、フライパンがあたたまったら熱湯を注いで蓋をする。

パチパチという音がして水が蒸発したらサラダ油を加え、全体になじませる。

Point
中にはすでに火が通っているので、サラダ油を加えて焼き色をつける。

焼き色がついたら鍋肌にごま油を回し入れる。酢、こしょうを混ぜ合わせたたれをつけていただく。

Point
最後にごま油を回し入れて香りをつける。

[豚ひき肉]

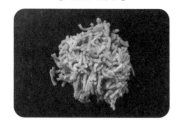

町中華の味に仕上げる

麻婆豆腐

難しそうな麻婆豆腐ですがポイントをおさえれば簡単にご自宅で作れます。
香ばしくコク深い麻婆豆腐をご堪能ください。

材料 2人分

豚ひき肉 … 150g

A 豆板醤 … 小さじ3
甜麺醤 … 小さじ2

B にんにく … 2かけ
→みじん切りにする
しょうが … 1かけ
→みじん切りにする

長ねぎ … 10cm
→みじん切りにする

絹ごし豆腐 … 1丁 (350g)
→3cm角に切る

C 中華スープの素 (ペースト) … 小さじ1/2
水 … 180ml

D 塩 … 小さじ1
砂糖 … 小さじ1/2

水溶き片栗粉 … 大さじ3 (片栗粉大さじ1+水大さじ2)

E しょうゆ … 小さじ2
ごま油 … 小さじ1
ラー油 … 適量

サラダ油 … 小さじ2

粉山椒 … 適宜

POINT

• ひき肉は焦げ目がつくまで炒めると、香ばし
さやうま味が出る。

• にんにく、長ねぎなどの香味野菜は、みじん
切りにしてよく炒め、ひき肉に味を吸わせる。

• 香りを出したい調味料は最初に炒め、香り
を逃したくない調味料は最後に加えるのが
コツ。

作り方

1 フライパンにサラダ油を熱し、ひき肉を入れて強火で焼き色がつくまで粗めに炒める。

Point
ひき肉は粗めに炒めることで、ジューシーで肉々しい仕上がりになる。

2 Aを加えて炒めたら、B、半量の長ねぎを加えて香りが出るまで炒める。

Point
しっかり全体を炒めることで、香りが引き立ち、ワンランク上の仕上がりに。

3 鍋に水 (分量外) を入れて沸かし、豆腐を入れて豆腐が揺れるまでゆでる。

Point
豆腐はゆでておくことで形が崩れにくく、味がしみ込みやすくなる。

4 2に水けをきった3、Cを加えて強火にかけ、沸騰したらD、残りの長ねぎを加える。水溶き片栗粉を加えて混ぜ合わせ、Eを加える。器に盛り、好みで粉山椒をかける。

[豚ひき肉]

作らないと後悔するほどうまい

巻かないロールキャベツ

キャベツを丸ごと使ったボリューム満点のロールキャベツ。
キャベツにひき肉を詰めて煮るだけのシンプルかつおいしい一品です。

材料　4人分

豚ひき肉 … 400〜500g

キャベツ … 1個

A | パン粉（または食パン）… 1/2カップ
　 | 卵 … 1個
　 | 塩 … 小さじ1/2
　 | ナツメグ（あれば）… 少々

薄切りベーコン … 10枚（200g）

B | カットトマト缶 … 1缶（400㎖）
　 | トマトケチャップ … 大さじ2
　 | ウスターソース … 大さじ1
　 | ローズマリー … 2本（またはローリエ1枚）

オリーブオイル … 大さじ3

粗びき黒こしょう … 適量

パルミジャーノレッジャーノ … 適量

作り方

1　キャベツは中心を大きめにくり抜き芯を取り除く。くり抜いた部分は芯以外をみじん切りにする。

Point
キャベツの中にひき肉を入れるので、中心は大きめにくり抜いておくとよい。

2　ボウルにひき肉、**A**を入れて粘りが出るまでよくこねる。みじん切りにしたキャベツを加えて混ぜる。くり抜いたキャベツの中に肉だねを詰める。

Point
肉だねは隙間なくみっちりキャベツに詰める。

3　鍋にオリーブオイルを入れ、鍋の底からふちにベーコンを均等にかける。鍋に**2**を入れ、ベーコンで蓋をする。

Point
キャベツは水分が出やすいので、キャベツの面を下にし、肉の面を上にして入れる。

4　**B**を加え、蓋をして中火にかける。軽く沸騰したら弱火にし、40分ほど蒸し煮にする。

Point
途中鍋底を確認し、焦げそうであれば水100㎖（分量外）を追加する。

5　キャベツをひっくり返し、蓋をして30分ほど煮込み、煮汁が好みの濃さになるまで煮詰める。好みの大きさに切り、粗びき黒こしょう、チーズをかける。

Point
弱火でぐつぐつした状態を保つのがポイント。とろみがつくまで煮詰めることで、濃厚なソースになる。

[豚ひき肉]

タイ人も絶賛する

ガパオライス

甘辛いひき肉とバジルの香りが食欲をそそるタイ料理。
ひき肉は臭みを消してうま味を引き出すことがポイントです。

(材 料) 2人分

豚ひき肉（または鶏ひき肉）… 200g

にんにく … 1かけ
　→みじん切りにする

豆板醤 … 小さじ1/2

玉ねぎ … 1/2個
　→粗みじん切りにする

しょうが … 1かけ
　→みじん切りにする

A｜しょうゆ … 小さじ2
　｜オイスターソース … 大さじ1/2
　｜砂糖・ナンプラー … 各小さじ1

パプリカ … 1/2個
　→粗みじん切りにする

バジル … 12枚

卵 … 2個

あたたかいごはん … 茶碗2杯分

ごま油 … 大さじ1

サラダ油 … 小さじ2

(作り方)

1 フライパンにごま油を弱火で熱し、にんにく、豆板醤を入れて香りが出るまで炒める。玉ねぎを加えて中火にし、しんなりするまで炒める。

2 ひき肉、しょうがを加えて炒め、**焼き色がついたらAを加えて全体を混ぜ合わせる（a）。**たれがなじんだら、パプリカを加えてしんなりするまで炒め、バジルを2枚残して、加えて軽く炒める。

3 別のフライパンにサラダ油小さじ1を中火で熱し、油がなじんだら卵を割り入れる。白身の部分がかたまって黄身が好みのかたさになるまで焼く。これを2個作る。

4 器にあたたかいごはん、**2**を盛り、目玉焼きをのせて残りのバジルを添える。

POINT

**ひき肉はしょうがを加えて
焼くことで臭み消しに**

ひき肉はしょうがを加えて焼き色がつくまで炒めると、ひき肉の臭みを消すことができる。

絶対に失敗しない

CARBONARA

超濃厚カルボナーラ

生クリームを使わない濃厚カルボナーラの
レシピをご紹介します。本場イタリアのローマ風
カルボナーラをぜひご自宅で作ってみてください。

材料 1人分

パンチェッタ（またはベーコン）… 50g

A ｜ 粉チーズ … 30g
｜ 卵 … 1個
｜ 卵黄 … 1個分
｜ 粗びき黒こしょう … 適量

水 … 1ℓ

塩 … 10g

パスタ … 100g

白ワイン … 50mℓ

ゆで汁 … 適量

オリーブオイル … 大さじ1

B ｜ 粉チーズ … 10g
｜ 粗びき黒こしょう … 適量

作り方

1 ボウルに**A**を入れてよく混ぜ合わせる（**a**）。

2 鍋に水を入れて熱し、沸騰したら塩を入れて溶かす。パスタを加え、袋の表記時間より1分ほど短くゆでる。

3 パスタをゆでている間に、フライパンにオリーブオイルを熱し、パンチェッタを入れて弱火で炒める。軽く焼き色がついたら白ワインを加え、パンチェッタの焦げをこそぎ取りながら炒める。

4 フライパンに**2**のゆで汁を加えて、オリーブオイルと乳化させたら火を止める。

5 パスタを**4**に加え、手早く混ぜ合わせたら**1**に加えてよく絡める（**b**）。器に盛り、**B**をふる。

POINT

ソースはボウルの中でよく混ぜ合わせておく

あとで慌てなくてよいように先に準備をしておく。粉チーズはダマにならないように注意して混ぜる。

ソースは火にかけず、パスタの余熱のみであたためる

ソースをパスタに絡める際は、火にかけずにパスタの余熱のみであたためること。ソースがかたまることなくパスタに絡まる。

PART 5

肉屋が教える肉料理

一品料理 &
副菜編

一品料理はお酒やごはんが進むこと間違いなし。
そのままはもちろん、つまみとして食べたり、
キャンプでも作りたくなるレシピをご紹介。
副菜はサラダや煮びたしなどのさっぱりレシピ。
肉料理に合わせてぜひ作ってみてください。

[牛すじ肉]

牛すじはよく煮込んでやわらかく

牛すじ煮込み

牛すじは下処理をして保存しておくのがおすすめです。
絶品の牛すじ煮込みやおでん、カレーに加えても。

材料 4人分

牛すじ肉（下処理済み）
　…500g

大根…10cm
　→1cm厚さの
　いちょう切りにする

A | しょうゆ・酒
　　…各50mℓ
　三温糖…大さじ2
　みそ…大さじ1

長ねぎ（白い部分）…適量
　→輪切りにする

練りからし…適量

作り方

1 鍋にたっぷりの水（分量外）、大根を入れて強火にかけ、沸騰したら弱火にして10分ほど煮てざるにあげる。

2 鍋に牛すじ、大根、**A**を入れて強火にかけ、沸騰したら弱火にして20〜30分煮る。器に盛り、長ねぎをのせてからしを添える。

牛すじの下処理

❶ 鍋に牛すじ、たっぷりの水を入れて強火にかけて沸騰させ、2〜3分加熱する。大量のアクが出たらざるにあげ、流水で牛すじを洗う（鍋のふちにアクがこびりつくのでよく洗う）。

❷ 鍋に牛すじ、皮つきのまま薄切りにしたしょうが1かけ分、長ねぎの青い部分1本分、ひたひたの水を入れて強火にかけ、再び沸騰させる。

❸ 沸騰したら弱火にし、沸々の火加減をキープして2時間ほど煮込む。途中湯が減ったら水を足し、アクが出たら取り除く。

＊蓋つき保存容器で2〜3日冷蔵保存可能。冷凍用保存袋で1ヶ月冷凍保存可能。

[豚白もつ]

お酒との相性抜群

肉屋のもつ煮込み

身体も心もあたたまる煮込み料理。
下処理をして保存しておけば炒め物や酢もつなどにも使えます。

材料 2人分

A | **豚白もつ**（下処理済み）
　　…200g
　豚白もつのゆで汁
　　…800mℓ
　キャベツ…2枚
　　→ざく切りにする
　大根…3cm
　　→いちょう切りにする
　にんじん…1/3本
　　→いちょう切りにする

B | 白みそ…大さじ2
　　酒・みりん…各大さじ1

しょうゆ…大さじ1

長ねぎ（白い部分）…適量
　→輪切りにする

七味唐辛子…適量

作り方

1 鍋に**A**を入れて弱火で30分ほど煮込む。途中具材がやわらかくなったら**B**を加える。みその量は好みで調整する。

2 しょうゆを加え、好みのやわらかさになるまで煮込む。器に盛り、長ねぎをのせて七味唐辛子をふる。

白もつの下処理

鍋に豚もつ、たっぷりの水を入れて熱し、沸騰したらざるにあげる。再び鍋に水800mℓ、豚もつを入れて熱し、沸騰させる。薄切りにしたしょうが1かけ分を加え、弱火で1時間ほど煮てしょうがを取る。途中湯が減ったら水を足す。

＊蓋つき保存容器で2〜3日冷蔵保存可能。冷凍用保存袋で1ヶ月冷凍保存可能。

[豚肩ロース薄切り肉]

肉屋のまかない史上最強においしい

豚肉のしぐれ煮

豚肉は好みの部位を使って作ってください。
リピートしてしまうこと間違いなしの簡単煮込み料理です。

(**材料**) 4人分

豚肩ロース薄切り肉 … 500g

A | しょうがの絞り汁 … 1かけ分
　　| しょうゆ … 90㎖
　　| 中双糖 (ザラメ) … 大さじ4
　　| 料理酒 … 大さじ1
　　| みりん … 大さじ1/2

B | 卵 … 2個
　　| 砂糖 … 小さじ1
　　| 塩 … 少々

あたたかいごはん … 茶碗4杯分

サラダ油 … 小さじ1

紅しょうが・刻みのり … 各適量

(**作り方**)

1　鍋に豚肉、**A** を入れて中火で熱し、豚肉を
　　ほぐしながらたれを絡める。沸騰する前に
　　弱火にし、途中かき混ぜながら20分ほど
　　煮る。

2　煮込んでいる間に錦糸卵を作る。ボウル
　　に **B** を入れて混ぜ合わせる。フライパンに
　　サラダ油を中火で熱し、流し入れたら1分
　　ほど加熱して火を止め、2〜3分おく。ひっ
　　くり返して中火で熱し、火が通ったらせん
　　切りにする。

3　器にあたたかいごはん、**1** を盛り、**2**、紅しょ
　　うが、刻みのりをのせる。

[鶏レバー]

驚くほどクセがなく食べやすい

鶏レバーの赤ワイン煮

レバーは臭みをしっかり取る工程が重要なポイントです。
クセがなく、レバーが苦手な方もおいしく食べられます。

材料 1人分

鶏レバー … 200g

牛乳 … 200㎖

しょうが … 1かけ

　→皮つきのまません切りにする

A ┃ しょうゆ … 大さじ1と1/2
　 ┃ はちみつ … 大さじ1
　 ┃ 赤ワイン … 100㎖

バター … 10g

作り方

1　レバーは流水で汚れを洗い流す。**血管や脂肪を取り除き（a）**、食べやすい大きさに切る（かたくてコリコリしたハツがついている場合、観音開きにして中の血管を取り除く）。

2　ボウルに水適量（分量外）、レバーを入れ、15分ほどつけて血抜きをする。水を捨て、**牛乳を加えて15分ほどつけ（b）**、牛乳を捨ててペーパータオルでレバーの水けを拭き取る。

3　鍋にバター、しょうがを入れて中火で熱し、レバーを加えて軽く焼き色がつくまで炒める。

4　Aを加え、強火でかき混ぜながら煮詰める。煮汁が少なくなったら弱火にし、水けがなくなるまで煮る。

POINT

血管を取り除くことで臭みがなくなる

レバーは臭みの原因である黒い血管部分を取り除くことが重要。調理したときにクセがなく、おいしく仕上がる。

牛乳で臭みをさらに取り除く

レバーは牛乳につけると、牛乳がレバーの臭みを吸着する。牛乳には臭みを吸着する性質があるので、クセのあるレバーの臭みを取り除くためには欠かせない工程。

[鶏もも肉]

絶対に外せない王道キャンプ飯

鶏肉とえびのアヒージョ

キャンプでもよく作られるアヒージョ。
ポイントをおさえておけば具材を変えてもおいしく作れます。

材料 2人分

鶏もも肉…200g
　　→一口大に切る

えび…10尾

片栗粉…適量

にんにく…2かけ
　　→みじん切りにする

鷹の爪…1本
　　→ヘタと種を取り除く

じゃがいも…1個
　　→皮つきのまま食べやすい大きさに切る

ローズマリー…1本

マッシュルーム…8個

ブロッコリー…1/2個
　　→小房に分けて下ゆでする

塩・こしょう…各適量

オリーブオイル…100㎖

フランスパン…適宜

作り方

1　えびは脚側から殻をむき、爪楊枝で背ワタを取る。片栗粉をまぶして揉み込み、汚れを吸着させる。水でよく洗い、**水けを拭き取る(a)**。

2　スキレット（または小型のフライパン）にオリーブオイルを熱し、**にんにく、鷹の爪を入れて弱火で香りが出るまで加熱する(b)**。

3　じゃがいも、ローズマリー、鶏肉を加える。鶏肉の色が変わったらえび、マッシュルーム、ブロッコリーを加えて火が通るまで加熱する。塩・こしょうで味を調える。好みで焼いたフランスパンにつけていただく。

POINT

具材の水けをよく拭き取ることで油はねを防ぐ

水けが多い具材は、ペーパータオルで水けをよく拭き取っておくこと。加熱した際に油はねを防ぐことができる。

火加減は弱火をキープすることでにんにくの香りが引き立つ

加熱する際の火加減は、弱火を保つこと。にんにくの香りがより引き立ち、おいしく仕上がる。

お肉屋さんのポテトサラダ

和風ポテサラ

何度も食べたくなる！

（材料） 2人分

じゃがいも…2個

A マヨネーズ…大さじ2

砂糖…小さじ2

酢…小さじ1

塩・こしょう…各適量

ツナ缶…1缶 (70g)

しめじ…1パック

→みじん切りにする

B 酒…大さじ1

しょうゆ…小さじ1

きゅうり…1/4本

→輪切りにし、塩で揉む

水菜…1束

→食べやすい長さに切る

削り節…ひとつまみ

（作り方）

1 鍋にたっぷりの水（分量外）を入れて沸かし、じゃがいもを入れて竹串が通るかたさになるまでゆでる。

2 熱いうちにじゃがいもの皮をむき、ボウルに入れてつぶす。好みの大きさにつぶしたら、**A**を加えて混ぜ合わせる。

3 フライパンにツナ缶のオイルのみを入れて熱し、しめじ、**B**を材料欄の順に入れる。水けが飛ぶまで炒めて粗熱を取る。

4 **2**にツナ、**3**、きゅうり、水菜を加えて混ぜ合わせる。器に盛り、削り節をのせる。

なめらかで上品な

マカロニサラダ

隠し味のヨーグルトがポイント!

材料 4人分

マカロニ … 100g

きゅうり … 1/2本
→輪切りにする

にんじん … 1/4本
→いちょう切りにする

塩 … ひとつまみ

ロースハム … 4枚
→短冊切りにする

A マヨネーズ … 大さじ3
　牛乳・ヨーグルト（加糖）
　　… 各大さじ1
　塩・こしょう … 各適量

オリーブオイル … 適量

粗びき黒こしょう … 適量

作り方

1　マカロニは袋の表示時間通りに
　ゆでる。ざるにあげて流水で冷や
　し、水けをきる。ボウルに入れて
　オリーブオイルを回しかけ、粗熱
　を取る。

2　きゅうり、にんじんに塩をふって揉
　み込み、水けをしぼる。

3　1に2、ハム、Aを加えてよく混ぜ
　合わせる。器に盛り、粗びき黒こ
　しょうをふる。

POINT

- ゆでたマカロニにオイルをかけると、パサついたり
  くっついたりせず、ソースもなじみやすくなる。

- 水分が出る野菜はあらかじめ塩をふって水けをきっ
  ておくことで、あえたあとに水っぽくなるのを防ぐ。

- ヨーグルトは加糖タイプで。甘みを補い、濃厚さも
  加わるのでおすすめ。

さつまいもの甘みが引き立つ

さつまいもとウインナーの
マッシュサラダ

ねっとり系のさつまいもを使うのがおすすめ！

（材料）　2人分

さつまいも（あれば紅はるかなどのねっとり系）… 1本（250g）

A ┃ クリームチーズ・マヨネーズ … 各大さじ2
　　┃ 粒マスタード … 大さじ1
　　┃ レーズン・塩・粗びき黒こしょう … 各適量

ウインナーソーセージ（あれば辛みのあるもの）… 4本
　　→輪切りにする

サラダ油 … 小さじ1

（作り方）

1　さつまいもは洗って、濡れたままの状態でペーパータオルで包む。電子レンジの解凍モードでやわらかくなるまで15〜20分加熱する。

2　熱いうちに皮をむき、ボウルに入れてつぶす。好みの大きさにつぶしたら、**A**を加えて混ぜ合わせる。

3　フライパンにサラダ油を熱し、ウインナーを入れて中火で焼き色がつくまで炒める。**2**に加えて混ぜ合わせ、粗熱を取る。

せん切りにんじんの

キャロットラペ

チーズとレーズンがよいアクセントに！

（材料）　2人分

にんじん … 1本
　　→チーズグレーターまたは
　　　スライサーでせん切りにする

A ┃ 白ワインビネガー・
　　┃ 　EXVオリーブオイル
　　┃ 　… 各大さじ1
　　┃ はちみつ … 小さじ1

B ┃ クミンシード … 少々
　　┃ レーズン … 大さじ1
　　┃ クリームチーズ … 適量
　　┃ 粗びき黒こしょう … 少々

（作り方）

1　にんじんはペーパータオルで水けをよく拭き取る。

2　ボウルに**A**を入れて混ぜ合わせ、にんじん、**B**を加えてあえる。

POINT

- チーズグレーターを使うと、にんじんの繊維が壊れるため、味がよくなじんで食感もふわっとする。

- 水分が出るので、味がぼやけないように水けはしっかり拭き取るのがポイント。

フレッシュなフルーツの

チョップドサラダ

こってりした肉に添えてさっぱりと！

（材料） 2人分

レタスミックス … 1袋（50g）

　　→一口大に切る

フルーツミックス … 1袋（90g）

　　→一口大に切る

A ｜好みの果物の搾り汁・オリーブオイル

　　 … 各大さじ1

　　｜酢 … 小さじ2

カシューナッツ … 適量

　　→砕く

塩・粗びき黒こしょう … 各適量

（作り方）

1　ボウルに**A**を入れてよく混ぜ合わせる。

2　器にレタスミックス、フルーツミックスを盛り、カシューナッツを散らす。**1**をかけて塩・粗びき黒こしょうをふる。

ごまが香る

たたききゅうり

きゅうりとたれをあえるだけ！

（材料） 2人分

きゅうり … 3本

塩 … 適量

A ｜ごま油 … 大さじ2

　　｜しょうゆ … 大さじ1

　　｜すりおろしにんにく … 小さじ1/4

白炒りごま … 適量

糸唐辛子 … 適宜

（作り方）

1　きゅうりは麺棒で叩きつぶし、8等分に切る。塩をふって10分ほどおき、ペーパータオルで水けを拭き取る。

2　ボウルに**A**を入れてよく混ぜ合わせ、きゅうりを加えてあえる。器に盛り、白炒りごまをふり、好みで糸唐辛子をのせる。

STEWED EGGPLANT

常備菜なのにうますぎて常備できない

なすの煮びたし

なすにだしがしみて絶品！

（ 材 料 ） 2人分

なす…4〜5本

　→縦半分に切り、
　　隠し包丁を入れる

A 　水（またはだし汁）…400㎖

　しょうゆ…75㎖

　みりん…大さじ3

しょうが…1かけ

ごま油…大さじ1

B 　削り節…ひとつまみ

みょうが…2本

　→輪切りにする

青じそ…3枚

　→せん切りにする

（ 作り方 ）

1　フライパンにごま油をひき、なすを入れて
　強火にかけ、全面に焼き色をつける。

2　鍋に **A** を入れて強火にかけ、**1** を加える。
　沸騰しそうになったら弱火にし、10分ほど
　煮込む。仕上がる直前にしょうがをすりお
　ろして加える。粗熱が取れたら冷蔵庫で
　冷やす。器に盛り、**B** をのせる。

肉屋が教える肉料理

YouTubeチャンネル登録者数13.7万人、総再生回数1045万回超え（2023年3月現在）の人気YouTuber。創業から80年続く肉屋の4代目である「肉屋が教える肉料理」の書籍第1弾。料理に合った肉の部位のよさを最大限に引き出すレシピと、おしゃれで臨場感のある映像と音声がマッチした動画が幅広い層に人気。

STAFF

デザイン	高橋朱里（○△）
撮影	豊田朋子
調理アシスタント	馬場晃一
スタイリスト	本郷由紀子
編集	丸山みき、岩間杏（SORA企画）
編集アシスタント	秋武絵美子
企画・編集	石塚陽樹（マイナビ出版）
校正	鷗来堂
印刷・製本	中央精版印刷株式会社

肉屋が教える肉料理

2023年4月30日 初版第1刷発行

著者	肉屋が教える肉料理
発行者	角竹輝紀
発行所	株式会社マイナビ出版
	〒101-0003 東京都千代田区
	一ツ橋2-6-3 一ツ橋ビル2F
	TEL:0480-38-6872（注文専用ダイヤル）
	TEL:03-3556-2731（販売部）
	TEL:03-3556-2735（編集部）
	MAIL:pc-books@mynavi.jp
	URL:https://book.mynavi.jp

〈注意事項〉

- 本書の一部または全部について個人で使用するほかは、著作権法上、著作権者および株式会社マイナビ出版の承諾を得ずに無断で複写、複製することは禁じられています。
- 本書についてのご質問等ありましたら、上記メールアドレスにお問い合わせください。インターネット環境がない方は、往復ハガキまたは返信切手、返信用封筒を同封の上、株式会社マイナビ出版 編集第2部書籍編集1課までお送りください。
- 本書に掲載の情報は2023年4月現在のものです。そのためお客様がご利用になるときには、情報が異なっている場合がございます。
- 乱丁・落丁についてのお問い合わせは、TEL:0480-38-6872（注文専用ダイヤル）、電子メール:sas@mynavi.jpまでお願いいたします。
- 本書中の会社名、商品名は、該当する会社の商標または登録商標です。

定価はカバーに記載しております。